LEYENDAS DE LA ANTIGUA AMERICA

LEYENDAS DE LA ANTIGUA AMÉRICA

LOS *LIBROS* HACEN   *LIBRES* A LOS HOMBRE

HERIBERTO FRIAS 1104   EDAMEX   MEXICO 031

LEYENDAS

DE

LA ANTIGUA AMERICA

Ilustraciones de K.Oméïté

WILLIAM CAMUS

Título de la obra en francés: LEGENDES DE LA VIEILLE-
AMERIQUE

©BORDAS 1979,
1981 Editores Asociados M., S.A., EDAMEX

Título de la obra en español: LEYENDAS DE LA ANTIGUA
AMERICA

Traducción de Cristina Krafft

Primera Edición: 31 de agosto de 1981
Segunda Edición: 15 de febrero de 1989
Tercera edición: julio de 1993.

ISBN 968-409-139-7

Impreso y hecho en México
Printed and made in Mexico

INTRODUCCION

Las leyendas de los Pieles-Rojas de América nos llegan desde la noche del tiempo. Nacieron mucho antes de que el Hombre-Blanco pusiera un pie como conquistador sobre el gran continente.

En otros tiempos, algunos sabios ancianos, llamados los Guardianes-de-los-Grandes-Hechos-Pasados, transmitían las leyendas de boca a oreja. Lo hacían frente al fuego, al caer la noche. De esta manera, los más jóvenes aprendían y los mayores recordaban.

Todos se impregnaban de las reglas de la vida y se forjaba la filosofía de la tribu.

Las leyendas se referían al cielo, la tierra, los animales y las plantas. Hablaban también de dioses y hombres. Así, el Piel-Roja adquiría conciencia del valor al respeto ajeno y de la palabra dada. Descubría el camino de la valentía, de la bondad y del reconocimiento.

Por eso conocía sus deberes hacia sus contemporáneos y hacia sí mismo, hacia la fauna, la flora y la naturaleza. Su buen sentido le imponía no matar más animales de los que podía consumir, no cortar todos los frutos de un árbol, dejar bayas en los arbustos; el insecto o el pájaro podían pasar tras él y encontrar alimento. Acordaba a todo ser vivo el derecho a la vida. Una sana armonía reinaba entre las diferentes especies puestas sobre la tierra por el Espíritu-Mayor.

En nuestros días, los Guardianes-de-los-Grandes-Hechos-Pasados existen aún. Pero ya no cuentan las leyendas más que a los iniciados, en pequeños círculos. Para recaudarlas, el autor, quien pertenece a la nación iroquesa, tuvo que visitar numerosas tribus en Canadá y los Estados Unidos. Para restituirlas mejor, las tomó directamente en la fuente de su lengua original. Así nos llegan ahora en su más completa autenticidad.

INDIOS MENOMINI

EL PRINCIPIO DEL MUNDO

Esta historia transcurrió hace mucho tiempo, en un lugar en donde el día nunca era completamente claro ni la noche totalmente oscura, El Espíritu-Mayor no había aún creado ningún hombre sobre la tierra y el mundo pertenecía a los Manitús[1].

En el lindero de un bosque, en un universo sin pena ni alegría, vivía una mujer llamada Luz-de-la-Mañana. No tenía marido, pero tenía dos hijos. El más joven era un niño. Se llamaba Vapor-de-Bruma. La mayor era una bella joven. Ella no tenía nombre.

Un día pasó por ahí un joven Manitú. Al ver a la chica se enamoró de ella. Pero Luz-de-la-Mañana velaba celosamente por su hija. No pudiendo acercarse a la elegida de su corazón, el Manitú se transformó en una brizna de hierba y se dejó caer en la fuente en donde ella acostumbraba beber.

De esta forma entró en su cuerpo y la desposó.

Después de tres lunas, víctima de este acoplamiento inhabitual, la joven esposa murió en medio de atroces dolores. Desgarrado de

---

1 Los Manitús eran genios buenos y malos

tristeza, el Manitú tuvo que abandonar el vientre de su amada. Con la ayuda de su cuchillo le abrió un costado y salió del cadáver bajo la forma de un recién nacido.

Pero este hecho lo volvió malo y lo consagró al mal.

Luz-de-la-Mañana decidió adoptar al niño. Lo llamó Destello-de-Trueno y lo consideró como su segundo hijo.

Destello-de-Trueno creció en compañía de Vapor-de-Bruma. Pero, así como este último era bueno y cariñoso, su hermano era hosco y colérico. Cuando Vapor-de-Bruma permanecía en la cabaña para ayudar a su madre, Destello-de-Trueno se dedicaba a vagar. Mientras que su hermano comía moderadamente, él tenía un apetito voraz y reclamaba siempre más comida.

Un día, regresando de colectar bayas y viendo que Destello-de-Trueno no estaba en casa, Luz-de-la-Mañana preguntó a Vapor-de-Bruma:

—¿En dónde está tu hermano?

—Salió —respondió el niño—. Dijo que aquí se aburría y que partía a descubrir países maravillosos.

La anciana comprendió que Vapor-de-Bruma había crecido y deseaba seguir a su hermano. Sabiendo que no podría retenerlo por mucho tiempo, le aconsejó lo hiciera. Le confeccionó un par de sólidos mocasines y pierneras en piel.

Al día siguiente, Vapor-de-Bruma abandonó la cabaña, alcanzó a Destello-de-Trueno y viajó junto con él.

Mas, compartiendo la vida errante de su hermano, Vapor-de-Bruma adquirió muy mal carácter. Pronto se volvió malhumorado y adoptó las mismas maneras brutales. Instigándose uno al otro, los dos jóvenes sólo tenían provocaciones en la boca. Buscaban pleito con todos los Manitús que encontraban. Hubo combates y su camino quedó invadido de cadáveres. Lugar por donde pasaban, los dos compañeros dejaban sembrado el miedo.

Los jefes de los Manitús se molestaron. Se reunieron en consejo para poner un freno a los actos de los perturbadores. El Manitú-encargado-de-hacer-brillar-el-Sol decretó:

—Estos dos salvajes nos van a exterminar si nos dejamos.

El Manitú-encargado-de-provocar-la-Lluvia propuso:

—Debemos controlarlos mientras podemos.

—Destello-de-Trueno es demasiado fuerte para nosotros —dijo el Manitú-encargado-de-provocar-las-Heladas.

—En ese caso, hay que matar a Vapor-de-Bruma —agregó el Manitú-encargado-de-hacer-reverdecer-los-Arboles—. Privado de su hermano, Destello-de-Trueno será menos peligroso y podremos acabar con él.

Los Manitús idearon un plan e invitaron a los dos hermanos a hablar con ellos. Estos aceptaron y tomaron su lugar en la asamblea.

El Manitú-encargado-de-hacer-correr-los-Ríos declaró:

—El Espíritu-Mayor tiene la intención de traer hombres sobre la Tierra. Nos ha pedido que escojamos para ellos el lugar más favorable. Entonces, vamos a organizar dos expediciones. Una se dirigirá al sur y la otra hacia el norte.

Destello-de-Trueno y Vapor-de-Bruma estuvieron de acuerdo. Al día siguiente partieron las dos columnas. Pero los Manitús se las habían arreglado para poner a cada uno de los hermanos en una de ellas.

Vapor-de-Bruma se dirigió con su tropa hacia el norte. Al llegar a un pequeño bosque, los Manitús que lo acompañaban se lanzaron sobre él y lo mataron a golpes. Pero antes de perder conciencia, el joven tuvo tiempo de gritar:

—¡Ayúdame, hermano! Necesito tu ayuda. ¡Los Manitús me están maltratando!

Destello-de-Trueno guiaba a su grupo hacia el sur. Se preparaban a atravesar una cadena de montañas cuando la voz de Vapor-de-Bruma llegó hasta él. Inmediatamente regresó por el camino y llegó hasta los acompañantes de su hermano. Al no ver a Vapor-de-Bruma entre ellos, preguntó a un Manitú:

—¿Sabes tú lo que sucedió a mi hermano?

—Sí —respondió el interpelado—. Le cayó un árbol sobre la cabeza.

Destello-de-Trueno sabía que mentía. Entonces dejó escapar un suspiro de desolación tan profundo que toda la tierra tembló. Los volcanes surgieron del suelo y escupieron lumbre y humo.

Desesperado por la muerte de su hermano, Destello-de-Trueno se cortó una mecha de cabello en señal de duelo. Después se encerró en su cabaña y no volvió a hablar con nadie.

Los Manitús estaban inquietos, pero no lo molestaron.

Una noche alguien rascó a la entrada de la cabaña. Una vocecita aflautada dijo:

—Soy el alma de tu joven hermano, déjame entrar y volveremos a nuestra vida de antes.

Destello-de-Trueno comprendió que se trataba del fantasma de Vapor-de-Bruma y respondió:

—Ya no es posible. No puedo permitirte penetrar en mi cabaña, me atraerías la maldición. Ahora que estás muerto y que he entonado tu canto fúnebre no puedes frecuentar a los vivos.

—No tengo adónde ir —agregó el espectro.

—Debes reunirte con tus semejantes allá en donde el sol se pone —explicó Destello-de-Trueno—. Llévate estos mocasines y esta antorcha. Así no te dolerán los pies y verás mejor durante el viaje.

Diciendo esto, Destello-de-Trueno puso un buen par de mocasines y un pedazo de madera resinada frente a su puerta. El espíritu de Vapor-de-Bruma los tomó y partió por el camino que lleva a la puesta del Sol. Su hermano lo miró alejarse hasta el momento en que su antorcha se confundió con las estrellas.

Durante la noche, Destello-de-Trueno tuvo un sueño. En la mañana, salió de su casa y fue a sentarse bajo un árbol. Un paro llegó a cantar sobre una rama:

—Conozco al Manitú que mató a tu hermano y puedo señalarte su casa.

—Habla rápido, horrible cosa negra. A cambio te ofrezco una bella imagen —prometió el hombre.

—Se trata del Manitú-de-las-Aguas. Vive en una gruta al borde del lago.

Destello-de-Trueno pintó de amarillo el vientre del pájaro, de verde sus costados, de blanco sus mejillas, la parte superior del cráneo de color cielo e hizo de él un paro de cabeza azul. Luego corrió hacia el lago y se escondió entre las altas hierbas.

Cuando el sol llegó al cenit, el Manitú-de-las-Aguas salió de su caverna y se recostó sobre la arena caliente. Decidido a no perdonarlo, el joven se confeccionó una flecha, hizo un arco de madera dura y trenzó una cuerda con los hilos de una telaraña. Armado así, Destello-de-Trueno se puso al acecho. Cuando llegó el momento, tiró sobre el monstruo acuático. Pero éste tenía la piel muy dura. El tiro entró en su espalda sin tocar ningún órgano vital.

El monstruo se refugió en el agua y trató de arrancar de su herida la flecha. No pudiendo lograrlo, decidió pedir ayuda a la hembra del sapo.

Esta dormía sobre un nenúfar. Una nube de mosquitos portadores de todas las enfermedades volaba a su rededor. El Manitú-de-las-Aguas la despertó e imploró:

—Te lo pido, haz algo por mí. Destello-de-Trueno me ha disparado una flecha y siento que pierdo las fuerzas.

La hembra del sapo trató de arrancar el tiro de la herida, pero no lo logró.

—Espérame aquí —le dijo—. Voy a traer plantas para curarte.

Se transformó en anciana, tomó una gran canasta y llegó hasta el río.

Destello-de-Trueno la descubrió e inmediatamente deshizo sus planes. Por su lado él se transformó en anciano y se dirigió a ella con voz cascada.

—¿Qué haces aquí? —le dijo—. A tu edad no deberías cargar una canasta tan pesada.

—Busco plantas medicinales —respondió ella—. Uno de mis amigos tiene una mala herida y debo curarlo.

—Eso es muy amable de tu parte —dijo Destello-de-Trueno—. ¿Quieres que te ayude?

La vieja aceptó. Entonces él la mató y tomó su apariencia.

El Manitú-de-las-Aguas no sospechó nada cuando vio llegar a la nueva anciana. La tomó por la hembra del sapo y le preguntó:

—¿Encontraste las hierbas capaces de curarme?

—Ya no vas a sufrir —afirmó Destello-de-Trueno.

Y, haciendo como si examinara la herida, tomó la flecha de madera con las dos manos y la hundió con un golpe seco en el cuerpo del monstruo. La punta atravesó el corazón y el Manitú-de-las-Aguas murió en el acto. Su piel, su carne y sus huesos se fundieron, formando un nauseabundo pantano.

Terminada su venganza, Destello-de-Trueno recuperó su apariencia. Realizó un largo viaje durante el cual masacró a todos los Manitús que encontró. Después, calculando que había hecho pagar con suficientes vidas la de su hermano, volvió a su pueblo

y se encerró en su cabaña.

Los Manitús que habían escapado a la carnicería volvieron a inquietarse. Uno de ellos fue a buscar a Luz-de-la-Mañana.

—Tu hijo se está volviendo imposible —dijo a la madre del muchacho incorregible—. Su corazón está lleno de amargura, mata a grandes y chicos, pronto no quedará ni un Manitú vivo.

—¿Qué esperas de mí? —preguntó la anciana.

—Que nos digas cómo calmarlo.

—Va a ser difícil —dijo Luz-de-la-Mañana—. Hicieron mal al matar a su hermano. Lo mejor es lograr su perdón. Ofrezcan una gran fiesta en su honor y hagan las paces con él. Pero les advierto, Destello-de-Trueno es un gran comelón, hay que prever abundantes platillos.

—Lo haremos —prometió el Manitú.

—Por otro lado —agregó la anciana—, yo no lo he visto jamás con una mujer. Sienten a alguna bella joven a su lado, sin duda se los agradecerá.

Los Manitús prepararon una marmita llena de carne que pusieron a cocer a fuego lento. También arreglaron a una bella joven y enviaron a un mensajero hasta la cabaña de Destello-de-Trueno. La selección de este enviado extraordinario había sido sorteada, ya que era grande el miedo de enfrentar al joven peleonero.

Cuando el mensajero penetró en la cabaña, Destello-de-Trueno estaba echado en un rincón, encogido sobre una piel de animal.

—Los Manitús han preparado una fiesta en tu honor —declaró el enviado—, y te piden que asistas. Habrá una marmita llena de carne y una joven belleza te acompañará.

Destello-de-Trueno no respondió. El mensajero esperó un instante y luego regresó a dar cuenta de su misión.

—No pronunció ni una palabra y ni siquiera me miró —declaró.

—Tal vez es porque no le basta con una marmita —aventuró un Manitú.

Prepararon otra y el embajador volvió a partir.

Destello-de-Trueno no se había movido de su rincón y parecía igual de taciturno. El enviado le dijo:

—Sobre el fuego hay dos marmitas y sólo a ti esperamos.

Pero el joven ni se movió. Entonces, los Manitús agregaron una marmita a las otras dos. El mensajero corrió.

—Son tres las marmitas que te esperan ahora —anunció—. Apresúrate, que van a enfriarse

Esta vez, Destello-de-Trueno emitió un vago rugido. A su regreso, el enviado creyó poder proponer:

—Tengo la impresión de que una marmita más provocará su reacción. Gruñó, es buen signo.

Entonces, los Manitús llenaron la cuarta marmita y el embajador corrió a decir al irascible invitado:

—Ahora son cuatro las marmitas que te reservamos. La joven ha vestido sus más bellos trajes y parece impaciente por verte.

Destello-de-Trueno se dignó por fin levantar los ojos. Bostezó, se estiró y dijo:

—Iré.

Todos lo esperaban.

Cuando se presentó en la morada de los Manitús, llevaba un arco, una lanza y una pesada hacha de guerra. En vez de ocupar el lugar de honor, se sentó cerca de la entrada con el hacha sobre las rodillas y el resto de sus armas al alcance de la mano.

—¿No quieres dejar esos objetos? —preguntó un Manitú.

Como no respondía, acercaron hacia él las cuatro marmitas y la joven se sentó a su lado. Destello-de-Trueno empezó a comer. Observándolo hacerlo, los Manitús cuchicheaban entre sí:

—Miren como devora la carne, nunca nadie había comido tanto como él.

Cuando por fin el joven se sintió satisfecho, no quedaba ni un resto del cocido. Un Manitú preparó una pipa, la tendió hacia Destello-de-Trueno y dijo entonces:

—Sabemos que nos acusas por haber matado a tu hermano y

te comprendemos. Sin embargo, el culpable ha pagado por tu propia mano. Nosotros ahora deseamos vivir en paz contigo. ¿Acaso la desaparición de Vapor-de-Bruma no ha provocado ya un número suficiente de muertes?

Con las manos crispadas sobre el mango de su hacha de guerra,

Destello-de-Trueno escuchaba al Manitú. Y mientras más escuchaba, más crecía la cólera en él. Presintiendo una desgracia, la joven muchacha se deslizó rápidamente entre el arma y su pecho y empezó a acariciarlo.

La furia de Destello-de-Trueno disminuyó instantáneamente. Arrojando su hacha, dijo:

—Creo, en efecto, que existe una manera de entendernos. El Espíritu-Mayor va a traer pronto a los hombres sobre la Tierra. Estos seres son débiles y nos necesitarán. He decidido ayudarlos. Por lo tanto, no combatiré más a los Manitus que pondrán su poder mágico al servicio de los hombres. Pero por el contrario, destruiré a todos aquellos que los maltraten. De ahora en adelante, ustedes decidirán ser mis amigos o mis enemigos.

Este sermón provocó una viva emoción entre los Manitús. Cada uno debía saber si ayudaría o no a los hombres.

Algunos no pudieron olvidar las matanzas ocasionadas por Destello-de-Trueno. Otros perdonaron sus faltas.

Los Manitús se separaron así en fuerzas buenas y malas.

Por su lado, Destello-de-Trueno no pudo jamás volverse completamente benéfico. El Espíritu-Mayor hizo de él, el Manitú-encargado-de-controlar-las-Tormentas. Con la lluvia trajo la prosperidad. Pero continuó sembrando el desorden al liberar al relámpago.

INDIOS NAVAJO

EL HERMANO, LA HERMANA Y EL SER-ABOMINABLE

Una mujer estaba moliendo maíz silvestre para la cena. Sus dos hijos curtían una piel al lado de ella. El mayor era un muchacho joven, se llamaba Viento-del-Atardecer. La menor se llamaba Mañanita-Tibia.

Estaban trabajando en silencio cuando de pronto, llegando del horizonte, un ruido hizo temblar el suelo. El cielo se cubrió de nubes negras y los relámpagos rasguñaron la tierra.

— ¡Escóndanse, rápido! —gritó la madre a sus hijos!. ¡Es el Ser-Abominable!

El hermano y la hermana se refugiaron detrás de una gran piedra y la madre continuó machacando el maíz como si no sucediera nada.

El Ser-Abominable era el más temible de todos los genios malos de la comarca. Era también el más grande. Su calva cabeza se perdía entre las nubes y tenía los pies tan grandes que se habría podido meter a un bisonte en cada uno de sus mocasines. Vestía una coraza hecha de corteza de roble y usaba pieles de animales a guisa de piernera. En el momento en que vio a la madre, le preguntó:

—¿En dónde están tus hijos, vieja bruja? He venido hasta acá con la intención de devorarlos.

El Ser-Abominable babeaba de hambre, pero la mujer conservó la calma.

—Fueron a jugar en las colinas —respondió—. Espera a que acabe de moler el grano y te voy a hacer unas tortillas.

—Tus tortillas serán tan pequeñas que sólo servirán para abrirme el apetito —declaró la horrorosa criatura—. No, prefiero comerme a Viento-del-Atardecer y a Mañanita-Tibia.

—En tal caso, deberás volver un poco más tarde —le aconsejó la madre—. Creo que van a regresar al anochecer.

—De acuerdo, volveré —afirmó el monstruo.

Y se alejó refunfuñando sin dejar de chapotear en el río y arrancando algunos árboles para masticar sus hojas.

Cuando desapareció tras las montañas, la pobre mujer dijo a sus hijos:

—Va a regresar, lo conozco, buscará por todos lados y los encontrará. ¿Qué podemos hacer?

—No podemos continuar viviendo bajo el pavor de ese ser odioso —dijo Viento-del-Atardecer—. Lo mejor será matarlo de una buena vez.

—No me parece tan fácil —dijo la mujer—. El Ser-Abominable es tan cruel como fuerte. ¿Qué lograrás frente a tal bloque de carne y hueso?

—Sobre todo con su coraza de roble —agregó Mañanita-Tibia.

—¡A pesar de todo lo lograré! —se entercó Viento-del-Atardecer.

—No te voy a detener si de veras quieres probar —dijo la madre—. Pero si yo fuera tú, antes de tratar cualquier cosa, iría a ver a la Mujer-Escarabajo. Ella es buena consejera.

—¿En dónde vive? —preguntó el niño.

—Vive bajo una piedra plana en el fondo del valle —explicó la mujer.

— ¡Está bien, iré a verla! —declaró Viento-del-Atardecer.

— ¡Yo te acompañaré! —decidió Mañanita-Tibia.

Los dos niños partieron rumbo al valle y encontraron la piedra. Viento-del-Atardecer la levantó y Mañanita-Tibia llamó al insecto. La Mujer-Escarabajo salió de su escondrijo. Estaba muy vieja. Llevaba sobre el lomo un pesado caparazón y caminaba doblada en dos. Mañanita-Tibia le ofreció un tallo de hierba verde y le explicó:

—El Ser-Abominable quiere comernos. Así que debemos exterminarlo antes de que logre sus fines. Sólo que es muy poderoso y no sabemos cómo combatirlo. Nuestra madre nos recomendó venir a contarte todo esto ya que parece que tú eres una buena consejera.

La Mujer-Escarabajo dio varias vueltas al problema en su cabeza y dijo al fin:

—Desgraciadamente no puedo hacer gran cosa por ustedes. Pero en su lugar, yo iría a pedir ayuda a mi padre. Un niño está desarmado sin el auxilio de su padre cuando tiene que matar a un genio malo.

—¿Tú sabes en dónde podemos encontrarlo? —preguntó Viento-del-Atardecer—. Vive tan lejos de nosotros que ni mi hermana ni yo lo hemos visto nunca.

—Vive en una cabaña detrás de los Dos-Acantilados-de-Roca —dijo la anciana—. Pero no está ahí más que en las noches. Durante todo el día su padre recorre la tierra del este al oeste. Es él quien transporta al Sol.

— ¡Si es así, no perdamos el tiempo! —exclamó el fogoso muchacho.

Pero la Mujer-Escarabajo lo calmó:

—Espera un instante, nada bueno se logra con precipitarse. Toma este garrote. Es un pedazo de madera mágica que no se quiebra. Lo necesitarás para atravesar los Dos-Acantilados-de-Roca. Esas paredes de piedra se mueven constantemente y, si colocas el palo entre ellas, no te aplastarán al cerrarse sobre ti

Después la Mujer-Escarabajo ofreció una bolsita de piel a Mañanita-Tibia.

—Toma esto para ti —le dijo—. Contiene polen en el interior. Tras haber pasado los Dos-Acantilados-de-Roca, llegarán hasta el Llano-de-Arenas-Movedizas. Ahí deberás echar este polen frente a tus pasos para no ser tragada.

Provistos de sus dos objetos mágicos, los niños se los agradecieron a la Mujer-Escarabajo y partieron en la dirección que ella les había indicado. Caminaron mucho tiempo, durante varias lunas. Por fin, una mañana se encontraron frente a los Dos-Acantilados-de-Roca.

Los bloques de granito, erguidos uno frente al otro, estaban animados por un movimiento continuo. Se cerraban uno contra otro, chocaban con un ruido horrible, se separaban hasta recuperar su forma anterior y volvían a empezar.

Viento-del-Atardecer esperó a que el pasaje estuviera abierto y se internó en el corredor que quedaba libre. Cuando las dos murallas quisieron volverse a juntar para aplastarlo, levantó el

garrote sobre su cabeza y lo mantuvo horizontal. Las paredes roca-
llosas tocaron los extremos del palo y quedaron bloqueadas, dejando un estrecho pasaje a los dos niños.

— ¡Rápido! —gritó Viento-del-Atardecer tomando la mano de
su hermana—. Corramos hasta el otro extremo, ahí estaremos se-
guros.

Y así atravesaron los Dos-Acantilados-de-Roca.

Después de pasar esta primera prueba, los hermanos apagaron
su sed en el agua de un río y retomaron su camino.

Al día siguiente llegaron a una vasta llanura. El piso, en vez
de tener su consistencia normal, hacía olas como el agua de un lago
azotado por el viento.

—Este debe ser el Llano-de-Arenas-Movedizas —dijo Viento-del-
Atardecer.

Entonces, Mañanita-Tibia abrió la bolsa que le había dado la
Mujer-Escarabajo y arrojó un puñado de polen sobre el móvil suelo.
Instantáneamente la tierra se volvió dura y un sendero sólido se
abrió frente a los dos niños. Así pudieron continuar hasta un lugar
más acogedor.

Un poco más lejos, los hermanos llegaron a un pequeño valle.
Al lado de un riachuelo, entre los juncos, se distinguía una cabaña
hecha de ramas.

—Debe ser la de nuestro padre —dijo Mañanita-Tibia—. La
Mujer-Escarabajo nos aseguró que él no venía más que en las noches, tras la puesta del Sol. Esperemos, ya no debe tardar.

En la choza reinaba un gran desorden, como cuando un hombre vive sin mujer. Mañanita-Tibia puso un poco de orden y
alumbró el fuego. Luego buscó algunas provisiones y preparó
un guiso.

—Nuestro padre estará contento al regresar —dijo.

Pocos minutos después, se dejó oír un andar pesado. Un hombre grande y fuerte entró en la cabaña. Estaba fatigado, pero sus
rasgos se relajaron cuando vio sus cosas bien acomodadas. Y, al

descubrir al hermano y a la hermana, dijo sonriendo:

—Mi choza nunca ha estado tan limpia. Imagino que se lo debo a mis dos visitantes.

Mañanita-Tibia bajó los ojos y el hombre comprendió que era ella quien había hecho el aseo y preparado la comida.

—Si tú eres quien transporta el Sol, nosotros somos tus hijos —dijo Viento-del-Atardecer.

—Yo soy —respondió—, y estoy encantado de verlos. Vivo tan lejos de ustedes, que temía no llegar nunca a conocerlos.

Mañanita-Tibia sirvió el guiso que había preparado y el padre comió con sus dos hijos. Al final de la cena prendió una pipa y preguntó:

—¿Cómo pudieron llegar hasta aquí? La región es particularmente peligrosa para la gente joven.

—Nos ayudó la Mujer-Escarabajo —dijo Mañanita-Tibia.

—Necesitamos tu ayuda —agregó Viento-del-Atardecer—. El Ser-Abominable quiere devorarnos y hemos decidido matarlo. ¿Qué puedes hacer por nosotros?

—Les puedo prestar mi arco y mis flechas —les respondió.

—Pero el Ser-Abominable posee una coraza de corteza de roble —contestó inquieta Mañanita-Tibia.

—Eso no tiene ninguna importancia —afirmó el padre—. Lo derrotarán fácilmente si siguen con cuidado mis instrucciones.

Tomó un arco y una aljaba y lo dio a Viento-del-Atardecer.

—Ten, toma esto —dijo a su hijo—. Deberás vencer el miedo y esperar a que el monstruo esté cerca de ti. Cuando estés seguro de que puedes herirlo en el pecho, tira primero la flecha amarilla. Está hecha con un rayo de Sol. Luego, dispara la flecha roja. Está hecha con un relámpago. Si apuntas bien, sin temblar, te garantizo el resultado.

El joven tomó el arco y la aljaba. Después en agradecimiento a su padre, cortó leña y la reunió en un gran montón al lado de la cabaña.

Cuando los niños iban a partir, el padre dijo:

—Es inútil que regresen para decirme cómo les fue. El arco iris atraviesa la tierra de un extremo al otro y me traerá la noticia. Así sabré si fracasaron o triunfaron.

—Nos entristece pensar que no te volveremos a ver —dijo Mañanita-Tibia.

—Pensarán en mí cada vez que vean al Sol atravesar el cielo —respondió el padre—. Claro, a condición de que tengan éxito.

Decididos a vender muy caras sus vidas, los hermanos se alejaron. Atravesaron sin problema el Llano-de-Arenas-Movedizas. A la ida, Mañanita-Tibia había guardado un poco de polen y así pudo volver a lanzar un puñado frente a su paso para endurecer el suelo. En los Dos-Acantilados-de-Roca el garrote mágico había resistido y continuaba en su lugar. El pasaje estaba libre y los dos niños pudieron atravesarlo sin dificultad.

Cuando su madre los vio, les gritó desde la lejanía:

—¡Vengan rápido a refugiarse! El Ser-Abominable ha venido tres veces durante su ausencia. Va a regresar, deben esconderse.

—No será necesario —respondió tranquilamente Viento-del-Atardecer—. Mi padre me ha dado sus armas y sabré combatirlo.

No había acabado de decir estas palabras cuando un ruido ensordecedor hizo temblar el valle.

—Es él —se lamentó la madre—. Está de regreso.

—Escóndanse las dos atrás de mí —dijo el niño—. Yo me encargo de este alfeñique.

El temible gigante surgió de entre dos montañas. Parecía extremadamente enojado. De su boca salían llamas y humo de sus orejas.

—Tengo hambre —gruñó—. ¿En dónde están Mañanita-Tibia y Viento-del-Atardecer?

—¡Aquí estoy! —gritó el chiquillo.

Por fin el monstruo lo vio y caminó derecho hacía él. Sin retroceder ni un paso, Viento-del-Atardecer lo dejó acercarse.

Cuando calculó que estaba suficientemente cerca, tendió la flecha amarilla sobre la cuerda del arco y tiró. El rayo de Sol fue a clavarse en el pecho de la horrible criatura. La pechera de corteza de roble se encendió inmediatamente y cayó convertida en ceniza. Entonces, Viento-del-Atardecer acomodó el relámpago rojo y tiró por segunda vez. Nuevamente alcanzado en pleno pecho, el monstruo explotó en mil pedazos.

— ¡Qué alivio! —dijo la madre.

Del cuerpo diseminado del genio malo, nació un arco iris que avanzó hasta perderse en el horizonte.

—Nuestro padre sabrá que hemos triunfado —dijo Viento-del-Atardecer.

—Y estará orgulloso de nosotros —agregó Mañanita-Tibia.

La madre preparó tortillas y los dos niños pudieron comerlas tranquilamente.

INDIOS OGLALA

EL HOMBRE QUE NO CUMPLIA SUS PROMESAS

Al principio del mundo cuando no había más que dos Indios sobre la Tierra, el Espíritu-Mayor podía ir de uno al otro para conocer sus necesidades. Pero, cuando llegaron a ser más numerosos, ya no dispuso del tiempo necesario para escucharlos a todos. Entonces, plantó entre los Oglala una gran roca con forma de hombre y les explicó:

—Los Indios pueblan toda la Tierra y ahora debo viajar a través del mundo. Si alguno de ustedes necesita mi ayuda, que lo diga a la roca. Este hombre de piedra tiene el poder de comunicarse conmigo a muy grandes distancias.

Después se fue a visitar la tribu de los Cheyenes.

Los Oglala adquirieron la costumbre de conversar con el monolito cuando el bisonte escaseaba o la lluvia caía demasiado abundante. Siempre, durante la ausencia del Espíritu-Mayor, el hombre de piedra les prestaba oído atento y resolvía sus problemas.

A Línea-Hendida no le gustaba la caza. Tampoco le gustaba la pesca. Por eso vivía pobremente. Un día, que este Oglala no tenía qué comer, llegó hasta las faldas de la gran roca y le declaró:

—Sé que eres tan poderoso como el Espíritu-Mayor y que puedes, si así lo deseas, ayudar a los miserables. Mira qué flaco y hambriento estoy. ¿Tendrás piedad de mí?

La alta piedra le respondió:

—Hace tiempo que te observo y apenas te he visto cazar.

—No poseo sino un mal arco —se lamentó Línea-Hendida—, mi lanza no tiene filo y he perdido mi hacha. Sin hablar de mis piernas, que ya no tienen fuerza suficiente para perseguir al venado.

—En ese caso, ¿por qué no pescas? —interrogó la roca.

—El último pez que quise atrapar se llevó mi arpón —dijo el Indio—. Un perro devoró mis anzuelos de hueso y las hormigas eligieron domicilio en mi red.

—¡Está bien! ¿Qué deseas? —preguntó el hombre de piedra.

—Quisiera un cervatillo, nada más uno pequeñito. A cambio, te cubriré con mi cobertor en piel de bisonte. Debes tener mucho frío, las noches son frescas en este periodo del año.

—Guarda tu cobertor —dijo la piedra—, veré si puedo satisfacer tu pedido.

—¡No! ¡no! —gritó el Oglala—. Insisto en ofrecértelo. Estoy seguro de que tú lo necesitas más que yo.

El Indio cubrió al hombre de piedra con su cobertor sin pelo y lleno de hoyos.

—¿Estás caliente? —preguntó.

El monolito no respondió y Línea-Hendida pensó que la piedra no quería aumentar su desconcierto. Pero, cuando se volteó para alejarse, tropezó con un cervatillo recién acabado de matar. El Indio lo llevó inmediatamente a su tipi, lo desolló y lo puso a cocer.

Mientras que un pequeño fuego asaba lentamente la carne, la noche cayó y una luna nevada subió hacia el negro cielo. El Oglala tiritó y pensó:

"¿Por qué le dije a la roca que ella necesitaba más que yo mi cobertor? ¿Se ha visto a una piedra vestida con una piel de bisonte mientras que un pobre hombre se hiela hasta los huesos?".

Dejando al cervatillo sobre el fuego, Línea-Hendida corrió hacía la roca, recuperó su cobertor y lo tendió sobre su espalda.

Cuando se acercó al fuego, el cervatillo se había reducido a la mitad. El Indio creyó que se debía a la cocción y no hizo ningún comentario. Comió y se durmió con el estómago lleno.

Pocos días más tarde, Línea-Hendida volvió a sentir las ansias del hambre y se dijo:

"¿Por qué no volver a intentar el procedimiento que tan buenos resultados me dio la última vez?".

Llegó hasta el hombre de piedra y murmuró con voz mortecina:

—Tengo hambre, un hambre atroz. ¿Podría recibir un poco de carne otra vez?

La roca lo interrogó:

—¿Qué hiciste con el cervatillo? ¿Lo terminaste en tan poco tiempo?

—Era una presa muy pequeña, con poca carne y grandes huesos —lloriqueó el Oglala.

—¿Todavía no reparas tus armas? —preguntó de nuevo la roca.

—La cuerda de mi arco está rota, necesitaría una tripa de bisonte para hacerme otra. Si me das una, ganarás toda mi gratitud . . .

Y, como la piedra parecía dudar, Línea-Hendida propuso:

—Mira, toma mi cobertor. La lluvia no tardará en caer y así estarás cubierto.

El Indio enrolló su cobertor hecho jirones alrededor del monolito y esperó su reacción. Al cabo de un momento, como no sucedía nada, el Oglala regresó tristemente a su tipi. Al llegar, descubrió un bisonte muerto frente a la entrada.

"Ese tonto hombre de piedra escuchó mis lloriqueos", pensó. "Aprovechemos la maña y ocupémonos de este don inesperado".

Línea-Hendida arrancó la piel al bisonte y de un puntapié la lanzó tras un arbusto. Luego abrió el vientre de la bestia y tiró las tripas. Después preparó el fuego y empezó a asar al animal.

Pero como el Indio no se había tomado la pena de reunir leña, no logró sino un débil fuego y el bisonte no terminaba de cocer.

Fue entonces cuando se soltó una tormenta y empezó a caer una lluvia helada. Calado hasta los tuétanos y chocándole los dientes, el Oglala se dijo:

"¡Qué tontería haber dejado mi cobertor a una roca! ¡Qué idea de despojarse así con este tiempo! Una piedra puede recibir la lluvia sin ningún prejuicio, mientras que yo me arriesgo a morir".

Apoyado en este razonamiento, Línea-Hendida se precipitó hasta el pie del monolito y tomó su cobertor.

De regreso a su tipi, el Indio quedó pasmado y sus ojos se abrieron estupefactos. Ahí estaba el fuego, el asador también, pero el bisonte había desaparecido. Sólo quedaba un rico olor a carne asada.

Línea-Hendida comprendió que el hombre de piedra lo había castigado por no haber cumplido. Se dijo:

"Fui realmente estúpido, ¿por qué no me comí todo el bisonte antes de ir a buscar mi cobertor?".

Regresó a ver a la gran roca, pidió, lloró, contó su arrepentimiento. Pero no logró nada. El hombre de piedra no lo escuchó ni volvió a hacer aparecer presas para él.

Entonces, Línea-Hendida se debilitó, enflacó y se volvió un esqueleto. Erró mucho tiempo en busca de otro hombre de piedra. Pero le hicieron falta fuerzas, no lo encontró y cayó convertido en polvo.

Desde entonces los Oglala aprendieron muchas cosas. Ahora, bajo el temor de no merecer las bondades del Espíritu-Mayor, prefieren no pedirle nada y agradecerle si casualmente, les concede algún beneficio.

INDIOS CHEYENES

EL AMIGO DE LAS AGUILAS

Más-que-un-Perro vivía en un gran tipi con su madre y sus dos hermanas. A su padre lo había matado un oso y ahora el joven cazaba en su lugar. Un día en que seguía las huellas de un venado, descubrió un águila herida agazapada en un arbusto. La llevó a su casa, la curó y fabricó una jaula. Después la metió en ella para protegerla de zorras y coyotes.

A partir de ese momento, el joven no volvió a cazar sino para alimentar al águila. Esta se curó y recuperó su energía. Pero, al ver los cuidados que el hermano prodigaba al ave, las hermanas se volvieron celosas. La última noche de la Luna-de-las-Hojas-Muertas, la mayor dijo:

—Los víveres disminuyen y Más-que-un-Perro no piensa más que en ese volátil. Si continuamos así, moriremos durante la Luna-de-la-Nieve-que-entra-en-los-Tipis.

—Abramos la jaula y el pájaro se irá —sugirió la menor.

—No, el águila no se irá. Es evidente que siente gran amistad por nuestro hermano —dijo la mayor.

—En ese caso, no nos queda sino matarla —agregó la menor.

—Será la mejor forma de volver a ver a nuestro hermano cazar para nosotras —acordó la mayor.

Al día siguiente, las dos hermanas habían salido a buscar bayas cuando Más-que-un-Perro llegó con un joven bisonte. Lo ofreció al ave, pero ésta apenas lo miró.

—¿Qué pasa? —preguntó el cazador— ¿No tienes hambre?

—Estoy demasiado triste como para pensar en comer—respondió el águila—. Tus hermanas quieren matarme, las oí conversar. Debo irme lo antes posible.

—No quiero separarme de ti —dijo Más-que-un-Perro.

—¿Prefieres que tu familia me corte el pescuezo? —preguntó el pájaro—. Anda, abre la jaula si de veras me estimas.

—Bueno —decidió Más-que-un-Perro—, ¡pero yo te acompañaré!

Tomó carne seca y la guardó en un bolso. Después abrió la jaula. El águila salió, extendió sus largas alas blancas para desentumirse y dijo:

—Puesto que has decidido acompañarme, es mejor que montes en mi lomo. Nuestro viaje será largo y tal vez peligroso.

Más-que-un-Perro obedeció. El pájaro batió las alas y se elevó en el aire. Al pasar sobre el bosque en que las dos hermanas recortaban bayas, la menor levantó la vista y descubrió a su hermano montado sobre el animal y gritó:

—¡Es Más-que-un-Perro, sobre un águila! ¿Pero a dónde va?

Las dos mujeres lo llamaron, pero él no respondió.

El águila subió hasta alejarse del primer cielo, en el que viven los pájaros pequeños. Atravesando el techo algodonado de nubes, llegó hasta el segundo cielo y recorrió el dominio de los cuervos. Remolinos de viento la zarandearon y durante un momento se temió que el viento arrancara sus plumas. Sin embargo, siguió subiendo y llegó al tercer cielo. Este lugar estaba reservado a las águilas; en él reinaba una gran calma. Sobre una vasta nube plana había unos tipis formando un círculo. El ave se dirigió hacia uno de ellos, se posó y Más-que-un-Perro pudo bajar de su montura.

El águila tomó entonces un cuchillo de pedernal, rajó de arriba a abajo su piel emplumada y apareció bajo la forma de una bella joven.

—Me llamo Viento-Matinal —dijo sonriendo.

Más-que-un-Perro no tuvo ni tiempo de abrir la boca para mostrar su asombro; una violenta ráfaga de viento, seguida de un fuerte batir de alas, lo hizo volverse. Las águilas del pueblo regresaban de la caza. Todas traían un animal que depositaron frente a cada uno de sus tipis. Después, tal y como lo había hecho Viento-Matinal, se despojaron de sus abrigos de pluma y aparecieron bajo los rasgos de treinta hombres y treinta mujeres.

La joven se acercó al que parecía ser el jefe y le habló al oído. Este la escuchó largo rato y dijo a Más-que-un-Perro:

—Has socorrido a uno de los nuestros, por lo tanto puedes quedarte a vivir entre nosotros. Esto te da el derecho de desposar a Viento-Matinal, si así lo deseas, pero para ello debes convertirte en águila.

Más-que-un-Perro declaró que quería convertirse en águila para poder tomar como esposa a la bella joven. Entonces, Viento-Matinal curtió una gran piel de alce. Un pájaro dio una pluma de su ala derecha. Otro ofreció una de su ala izquierda. Otro más arrancó algunas plumillas de su cuello y una pluma de la cola. La joven cosió delicadamente las plumas sobre la piel e hizo con ella un abrigo de águila que tendio a Más-que-un-Perrro. Este se lo probó inmediatamente y se declaró satisfecho:

—Me queda perfectamente —anunció.

Ahí mismo se casó con Viento-Matinal y empezó a vivir como un águila. Con el fin de enseñarle a volar, su mujer lo condujo a las alturas. Le enseñó a tender bien las alas y a batir el aire en cadencia. Después le dijo:

—Ahora lánzate al vacío.

El joven lo realizó sin ningún miedo y comprobó que volaba como un pájaro. Se entrenó durante varios días y pronto adquirió

una gran destreza. Sabía planear, echarse en picada y volver a ganar altura.

Una mañana, su esposa decidió llevarlo a cazar. Atravesaron el cielo en donde viven los cuervos y llegaron al de los pajaritos. Mientras ejecutaban grandes círculos buscando una presa, Más-que-un-Perro reconoció el pueblo en donde vivían su madre y sus hermanas. Vio también el arbusto en el que había encontrado herida a su joven esposa.

Viento-Matinal capturó un bisonte. Pero esta manera de cazar era aún nueva para Más-que-un-Perro. Si bien, sabía lanzarse sobre una presa, no sabía matar un conejo de un picotazo o atrapar al vuelo un pavo entre sus garras. Tras varios intentos infructuosos, el hombre quiso reposarse. Esta primera cacería lo había fatigado y sentía su corazón latir fuertemente bajo su abrigo de plumas. Para sentirse más a gusto al recostarse sobre la hierba, hizo lo que ningún águila osaría hacer en tierra de hombres: se quitó el traje de ave y se sentó bajo un sauce al borde del río. Pero, temiendo que un cazador los viera, su esposa lo forzó a vestirse. Y, llevando el bisonte que había matado, lo condujo hacia el cielo.

El regreso fue penoso, Más-que-un-Perro no había podido descansar y sentía flaquear su energía. Cuando al fin llego la pareja frente a su tipi, el joven necesitó comer para recuperar las fuerzas. Terminó la carne ahumada que había tomado en casa de su madre antes de abandonar a los suyos.

Al día siguiente, antes de partir a la caza, Viento-Matinal comió un gran pedazo de bisonte crudo. Como su esposo no comía, ella le dijo:

—La jornada será pesada otra vez, debes comer. ¿No te gusta este bisonte?

—No llego a comer carne cruda y ya no me queda comida ahumada —respondió el joven.

—Trata de acostumbrarte, como lo hiciste para volar —le aconsejó Viento-Matinal.

Más-que-un-Perro trató de masticar y tragar la carne del bisonte cazado al día anterior, pero no lo logró. Debió emprender el vuelo con el estómago vacío, bajo la desesperación de su mujer.

Lo mismo sucedió los días siguientes. Al llegar a la tierra de los hombres, el joven colectaba bayas entre los arbustos. Pero no se atrevía a quedarse mucho tiempo por miedo a ser descubierto por un cazador. Bajo tal régimen, Más-que-un-Perro decayó rápidamente. Y su debilidad fue tan grande que una mañana debió permanecer en el tipi. Entonces dijo a su esposa:

—Debo abandonarte y eso me entristece. Si continúo aquí, moriré próximamente por falta de alimento. Lo único que me queda por hacer es regresar al país de los hombres.

—Espera un poco y no te muevas durante mi ausencia —dijo Viento-Matinal—. Voy a hablar con nuestros amigos.

Las águilas se reunieron en consejo y el jefe declaró:

—Debemos ayudar a Más-que-un-Perro; si no, se enfermará. Haremos una gran fogata para que su mujer pueda cocerle los alimentos.

—Pero no hay nada que podamos quemar sobre esta nube —objetó un joven pájaro cuya plumilla apenas comenzaba a mudar.

—A pesar de los peligros que ello comporta, iremos a la tierra —explicó el jefe—. Esta noche regresaremos cargados de hojas secas, de corteza y de ramas de árboles.

Partieron.

Cuando regresaron al caer la noche, prendieron una enorme hoguera. Luego las águilas batieron las alas para activar las flamas. Viento-Matinal fue a buscar una pierna de su bisonte y la colocó sobre el fuego. Pero, en ese momento, una espesa humareda negra se levantó de la hoguera. Las plumas de los pájaros se impregnaron de ella y se volvieron grises. El jefe de las águilas reaccionó inmediatamente y gritó:

—Dejen de hacer viento. Cometimos un error al prender un fuego sobre nuestra nube. Esta mañana éramos todavía blancos

y henos ahora completamente grises. Ya no podremos confundir-
nos con el color de las nubes y cazaremos más difícilmente.

Más-que-un-Perro reconoció la justeza de esta idea y dijo al
jefe:

—Les causo demasiados problemas al no poder comer como
ustedes. Sin embargo, esto me ha dado una idea. Creo que podré
continuar viviendo entre ustedes, pero alimentándome según mi
costumbre.

Reuniendo sus últimas fuerzas, Más-que-un-Perro voló y fue a
posarse en un pequeño bosque cerca de su antiguo pueblo. Se quitó el abrigo de águila y llegó hasta el tipi de su madre y sus dos
hermanas.

Las tres mujeres comían raíces que les había costado desente-
rrar. Considerando tan miserable alimento, el joven se compadeció.

—Mira, nuestro hermano ha regresado —dijeron las hermanas.

—¿Traes alguna presa? —preguntó la madre— Tenemos hambre.

—Les traeré si aceptan mis condiciones —aseguró el muchacho—. Pero, antes, es necesario que mis hermanas prometan que
nunca harán daño a un águila. El día en que encontré herida a una,
pude evitar lo peor huyendo con ella.

Las hermanas declararon que nunca más tendrían tan malos
deseos.

—En ese caso todo está perfecto —dijo Más-que-un-Perro—.
Ahora es un águila quien les traerá carne. Ustedes prepararán ésta,
cocida o ahumada y la invitarán a comer.

Las mujeres aceptaron este arreglo y prometieron que la invita-
da no podría quejarse de ellas. Confiado, Más-que-un-Perro volvió
al pequeño bosque y revistió su traje de águila. Después, se echó
a volar, mató un gamo y lo llevó a sus familiares. Las hermanas
recibieron al ave cortésmente y le ofrecieron el mejor lugar cerca
del hogar. Cocieron el gamo inmediatamente y sirvieron un gran
pedazo al águila. Así, Más-que-un-Perro pudo comer con su familia
y recuperar sus fuerzas. Cuando terminó, agradeció a las tres mu-

jeres y partió a reunirse con sus amigas águilas.

Y fue así como el joven pudo comer hasta saciarse y continuar viviendo como le placía. Una sola vez, su hermana mayor le preguntó:

—¿Quién eres y de dónde vienes?

Pero el águila no respondió. Al día siguiente y todos los demás hizo como si fuera mudo.

Y las demás águilas, al conocer lo que había sucedido, lo imitaron.

INDIOS ZUNI

LOS GEMELOS IMPENITENTES

Este extraordinario acontecimiento tuvo lugar durante una época en que la vida no era tan difícil como después se volvió.

Un día una mujer de edad, a pesar de no tener marido, se descubrió embarazada. Como el vientre le había crecido enorme y le dolía, fue a pedir consejo al Hechicero. Este quemó agujas secas de pino y observó en qué dirección partía el humo.

—Se dirige hacia el suroeste —dijo a la mujer—. Estás esperando gemelos.

—¿Y por qué me duele tanto? —preguntó ella.

El Hechicero acercó un oído al vientre de la madre, escuchó largo rato y declaró:

—Están jugando con tus intestinos, por eso te duelen. Estos niños son muy precoces y tengo la impresión de que te dará mucho trabajo educarlos.

Un poco más tarde, cuando los bebés vinieron al mundo, la mujer se dio cuenta de que no dejaban de jugar. Apenas si tomaban el tiempo justo para amamantar. Constantemente se daban de patadas, se hacían muecas y todo tipo de travesuras. Eran tan revoltosos que la madre decidió llamarlos Luz-Radiante y Fuen-te-de-Ruido.

Cuando los gemelos llegaron a la edad de cazar, se fabricaron dos arcos y flechas. Pero, en vez de perseguir a las presas, se divertían tirando contra los árboles, los perros y la gente que pasaba a su alcance. Realmente tenían la cabeza llena de locuras y sus bromas llegaron a crear algunos perjuicios. Sin embargo, algunos de sus juegos tuvieron buenos resultados. Por ejemplo, el día en que tomaron como blanco al Monstruo-del-Hocico-Hendido y lo mataron accidentalmente.

Fuera de eso, los dos bribones no ayudaban a su vieja madre más que en ocasiones excepcionales. O cuando no podían dejar de hacerlo. Preferían esconder sapos en sus mocasines o meter puerco-espines bajo su cobertor.

Un día de tempestad, cuando la tierra necesitaba agua, subieron al monte que se erguía a los bordes del pueblo para observar caer la lluvia. Los relámpagos iluminaban el cielo y sordos gruñidos hacían temblar el suelo. Fue entonces cuando Fuente-de-Ruido comentó:

—Qué divertido sería poseer el rayo y el trueno.

—No hay nada más fácil —afirmó Luz-Radiante—. Basta con ir al sur, allá en donde viven los Espíritus-del-Tiempo, y robárselos.

—Tal vez sea un juego peligroso —aventuró Fuente-de-Ruido.

—No lo creo —dijo su hermano—. Si no, los Espíritus-del-Tiempo se divertirían con otra cosa.

Convencido por la lógica de tal razonamiento, Fuente-de-Ruido aceptó los planes de su hermano y partieron los dos hacia el Sur

Caminaron durante toda una luna, atravesando valles, pantanos y colinas. Llegaron por fin frente a un muro de roca, supieron que habían llegado y decidieron descansar.

Los Espíritus-del-Tiempo vivían en una caverna abierta en el flanco abrupto de una alta montaña a donde ningún camino daba acceso.

—Nunca podremos entrar en su casa —dijo Fuente-de-Ruido.

—Es lo que temo —respondió Luz-Radiante—. Por eso pediremos ayuda al ciempiés.

Y, poniendo sus manos alrededor de la boca, gritó:

— ¡Hey, amigo ciempiés! Sal de tu agujero, necesito pedirte un favor.

El animal salió de detrás de una gruesa roca.

—Estaba durmiendo a la sombra —dijo—. ¿Qué puedo hacer por ustedes?

El ciempiés era gigantesco y Luz-Radiante tenía que levantar la cabeza para hablarle. Con tono halagüeño, le declaró:

—Nos dirigimos a ti porque conocemos tus prodigiosas capacidades. Nos encontramos frente a un problema insoluble y tú eres el único que puede resolverlo.

El ciempiés se pavoneó y escuchó lo que Luz-Radiante le pedía. Pero, cuando supo de qué se trataba, gritó:

— ¡Están locos! El rayo y el trueno no son juguetes.

El joven insistió y defendió tan bien su causa que el animal aceptó hacer lo que se le pedía.

Con todas las patas en movimiento, escaló la pared vertical evitando los obstáculos. Al llegar a la altura de la caverna, se infiltró por la entrada y desapareció durante un corto instante. Cuando volvió a aparecer, traía una lanza corta y una pequeña piedra redonda.

— ¡Lo logró! —exclamaron los dos muchachos.

Tras haber descendido, el ciempiés ofreció los objetos deseados a los gemelos. Estos le ofrecieron una castaña en agradecimiento y se fueron corriendo.

Desgraciadamente el ciempiés no pudo comerse la castaña: en su prisa los dos hermanos no habían tenido tiempo de sacarla de su cáscara erizada de espinas.

Cuando alcanzaron a ver el monte que dominaba su pueblo, los dos bribones decidieron esconder sus hurtos. Luz-Radiante disimuló la lanza en su espalda metiéndola en el cinturón y Fuente-de-Ruido puso la piedra bajo su vestido de piel.

Pero, al entrar en su casa, la anciana no se dejó engañar. Enrojeciendo de cólera, gritó:

—¿Qué andan haciendo esta vez, pequeños miserables? ¿Qué es esa hinchazón que tienes sobre el vientre, Fuente-de-Ruido? ¿Y tú, Luz-Radiante, por qué caminas derecho como una estaca? ¡Qué barbaridad, han robado el rayo y el trueno!

Al sentirse descubiertos, los gemelos huyeron. Una vez afuera, Luz-Radiante arrojó su lanza hacía el cielo y Fuente-de-Ruido azotó su piedra contra una roca. Un relámpago iluminó la tierra y un ruido ensordecedor rodó sobre el valle. Asustada, la anciana dejó de perseguirlos y regresó a refugiarse en su casa.

Los dos niños treparon al monte. Llegando a la cima se divirtieron arrojando al aire la piedra y la lanza. Gruesas nubes negras se reunieron sobre el pueblo. Los relámpagos atravesaron las nubes y los truenos zarandearon las casas. Y la lluvia empezó a caer en chubasco. Y mientras más recio llovía, más se divertían los gemelos. Los ríos se volvieron torrentes, el valle fue inundado y el agua llegó pronto hasta la cabaña de la anciana. Cuando el nivel le llegó hasta los hombros, la madre tuvo que montarse sobre un tronco para no hundirse.

Pero, inconscientes de las consecuencias de sus actos, los jovencitos continuaban divirtiéndose enormemente. Lanzaban la piedra y la lanza con tanta fuerza y tan alto que la tormenta se volvió tempestad. La lluvia arreció, el agua llegó al techo de la casa de la vieja y ésta se ahogó.

Cuando por fin los gemelos agotaron las variantes de su nuevo juego, se sentaron en el suelo y descansaron un poco. Entonces se dieron cuenta de que tenían hambre.

—Vayamos a pedir de comer a nuestra madre —dijo Luz-Radiante.

Las aguas habían bajado y pudieron correr hasta la cabaña

sin mojarse los pies. Pero, aunque pensaban encontrar a su madre llena de vida, no descubrieron más que su cadáver.

Los dos hermanos pararon a la muerta contra una pared, la sacudieron, le gritaron ánimos en las orejas. Sin embargo, la mujer no volvió a la vida y Luz-Radiante se lamentó:

—Somos nosotros quienes hemos matado a nuestra madre.

—Un muerto ha permanecido aquí y ahora este lugar es impuro —agregó tristemente Fuente-de-Ruido—. Debemos abandonar esta casa y no regresar nunca más.

Entonces se fueron, llevando con ellos la piedra y la lanza.

Aún ahora, nadie sabe en donde se refugiaron.

Para castigar al ciempiés por su complicidad, el Espíritu-Mayor lo transformó en un animal pequeñito. Pero eso no cambió nada. Los gemelos poseen todavía la lanza y la piedra y las usan cuando se aburren. Mientras que durante la época de los Espíritus-del-Tiempo, la lluvia caía regularmente cada vez que la tierra la reclamaba, ahora no lo hace más que muy irregularmente. Actualmente, según su estado de ánimo, los gemelos pueden provocar tanto la sequía como las inundaciones.

INDIOS HOPI

EL BAILARIN KACHINA Y SU MUJER

En la periferia de un pequeño pueblo vivía una joven mujer llamada Sus-Pies-son-un-Murmullo. Como era muy bella, todos los hombres que buscaban esposa trataban de hacerle la corte. No había día en que alguno de ellos no llegara a dejar un regalo frente a su casa. Pero la dulce joven los rechazaba a todos y no miraba nunca a ninguno de sus pretendientes.

Solamente una cosa importaba a Sus-Pies-son-un-Murmullo: bailar durante las numerosas fiestas de la buena temporada en agradecimiento a los Genios-del-Bien.

En el extremo opuesto del pueblo, un hombre joven vivía con su abuela. Se llamaba Rostro-Espiritual. Su anciana parienta le había enseñado a bailar tan bien que se había convertido en un kachina. Unicamente un kachina podía llevar una máscara sagrada durante las danzas rituales.

La gran ceremonia de las espigas de maíz se acercaba y en el transcurso de esta fiesta, Rostro-Espiritual debía bailar varios días seguidos. Para adquirir la resistencia necesaria, el joven efectuaba una larga carrera todas las mañanas antes de la salida del Sol. Vestido con su pesado traje de baile, describía un amplio círculo en el valle y regresaba a su casa pasando frente a la habitación de Sus-Pies-son-un-Murmullo.

Una mañana, la joven estaba sobre el techo de su kiva cuando Rostro-Espiritual la vio. Se detuvo y le dijo:

—Eres muy hermosa. ¿Cómo es posible que yo no te haya visto antes?

—Salgo poco —respondió ella.

—Es una lástima —dijo el joven.

—Tú pasas todos los días frente a mi kiva —notó la muchacha.

—Corro para volverme resistente porque debo bailar durante la próxima fiesta —explicó Rostro-Espiritual.

—¿Lo que llevas puesto es un traje de kachina? —interrogó Sus-Pies-son-un-Murmullo.

—Sí, lo hizo mi abuela.

—Préstamelo un instante y te mostraré que yo también sé bailar.

La joven bajó del techo y Rostro-Espiritual le prestó su traje. Sus-Pies-son-un-Murmullo vistió el traje y ejecutó los pasos destinados a hacer salir el Sol. Pero cuando el astro del día lanzó sus primeros rayos sobre la Tierra, la joven corrió a encerrarse en su casa gritando:

—Puedes volver a tu hogar ahora, yo me quedo con tu traje.

Sorprendido, Rostro-Espiritual fue a contar la historia a su abuela. Esta se puso furiosa y gritó:

—Tengo la impresión de que esa mujer quiere atraerte hacia ella. Mañana regresarás a verla y le reclamarás tu traje ceremonial.

—¿No puedo regalárselo? —preguntó el joven.

—No tengo ni tiempo ni los medios para hacerte otro —respondió la anciana—. Mira, toma una pluma. Pídele que vuelva a bailar y prométele que a cambio de ello le darás esta pluma. Cuando se acerque a ti, arréglatelas para recuperar tu traje.

Al día siguiente, Rostro-Espiritual regresó al kiva de Sus-Pies-

-son-un-Murmullo. La joven estaba sobre el techo, vestida con el traje de kachina. El muchacho le gritó agitando la pluma:

—Baila otra vez para mí y este regalo será tuyo.

Sus-Pies-son-un-Murmullo ejecutó los pasos reservados a los enamorados. Rostro-Espiritual la contemplaba con admiración. Cuando ella acabó, pidió la pluma.

—Debes venir a buscarla —gritó él otra vez—, es demasiado ligera como para que pueda lanzártela.

La bella descendió y tendió la mano hacia la magnífica pluma blanca manchada de azul. Pero, en el momento en que iba a tomarla, un soplo de viento se la llevó. La joven corrió tras ella. Y cada vez que estaba a punto de atraparla, el viento se elevaba y la hacía volar más lejos.

Cuando por fin pudo tomarla con dos dedos, Rostro-Espiritual le dijo:

—Debes cumplir tu palabra y regresarme mi traje.

La joven se desvistió y tendió el traje al hombre. Y así Rostro-Espiritual pudo contemplar a Sus-Pies-son-un-Murmullo completamente desnuda.

Quedó deslumbrado y pasó todo el resto del día perdido en sus pensamientos. En la tarde dijo a su abuela:

—Quiero casarme con Sus-Pies-son-un-Murmullo.

—Ella ha rechazado a todos los hombres, ¿por qué crees que a ti te aceptará?

—La vi desnuda —respondió el joven.

—En efecto, es una buena señal —admitió la abuela—. En ese caso, ve a verla y pregúntaselo.

Esa misma noche, Rostro-Espiritual fue hasta el kiva de su amada. Una piel tapaba la entrada.

—¿Estás ahí? —preguntó el joven con voz fuerte.

—Nunca he dejado entrar a nadie aquí —respondió desde el interior Sus-Pies-son-un-Murmullo.

—Soy yo, Rostro-Espiritual —insistió el joven—. Quiero casarme contigo.

Entonces la piel cayó a un lado y la joven apareció. Rostro-Espiritual la llevó a casa de su abuela y la hizo su mujer.

Después, pasado el tiempo necesario y siguiendo las costumbres, él fue a vivir a casa de su esposa.

El día de la fiesta de las espigas de maíz, los dos bailaron juntos en agradecimiento a los Genios-del-Bien. Y el tiempo pasó, trayendo días de calma.

Pero los hombres del pueblo estaban celosos de la felicidad de Rostro-Espiritual. No había mujer que igualara la belleza de Sus-Pies-son-un-Murmullo y los pretendientes rechazados se unieron contra el marido. Inventaron una expedición guerrera contra los Navajos para tener la ocasión de deshacerse de él.

La noche que precedió la partida, Sus-Pies-son-un-Murmullo tuvo un sueño que le reveló el complot. Cuando su esposo se alejó con los Bravos de la tribu*, ella bailó para invocar la lluvia. Estalló una tempestad y el agua cayó del cielo. Frente a la fuerza y persistencia del diluvio, el Jefe-de-Guerra de la expedición dijo a sus Bravos:

—Nuestros trajes de guerra están húmedos de lluvia, nuestros enemigos van a burlarse de nosotros.

—¿Cómo vamos a poder combatir si las plumas de nuestros penachos están empapadas? Seguramente perderán sus poderes mágicos.

Ante el temor de hacer el ridículo y de una victoria incierta, los guerreros decidieron tomar el camino de regreso. Cuando habían recorrido algunos pasos, las nubes negras se alejaron y se detuvo la tempestad.

Pero los hombres no habían renunciado a matar a Rostro-Espiritual. Esperaron a estar cerca de una gruta profunda y lo

---

* Al llegar a los catorce años, los Indios pasan una prueba iniciática, se convierten en Bravos y pueden participar en batallas (N de la T).

lanzaron al precipicio. Rostro-Espiritual rodó hasta el fondo y se estampó contra una gruesa roca. El golpe fue tan violento que los ojos se le salieron de la cabeza y cayeron al lado de él. Satisfechos, los Bravos lo abandonaron y regresaron al pueblo diciendo que se había perdido.

La noche siguiente, Sus-Pies-son-un-Murmullo revivió en sueños la terrible escena. Corrió al precipicio y descubrió a Rostro-Espiritual sin sentido. Como sus ojos continuaban sobre una piedra plana, ella los limpió y los volvió a sus órbitas. Remozado, el joven se puso de pie y regresó al pueblo en compañía de su amada.

A partir de ese día, los hombres sospecharon que la pareja poseía un poder sobrenatural y ninguno de ellos volvió a tratar de molestarlos. Rostro-Espiritual no se vengó del mal trato que le habían dado. Prefirió emprender con su mujer un largo viaje con el fin de ayudar a la gente necesitada. En un pueblo bailaron para hacer brillar el Sol. En otro, para reverdecer las plantas. En otro más, para hacer crecer las bayas en los arbustos y hacer cantar a los pájaros.

Bailaban únicamente para obtener beneficios.

Cuando llegaron al final de sus vidas, fueron colocados juntos en el delicado nido de los pétalos de una flor. Porque es en las flores en donde viven los Genios-del-Bien tras de su muerte.

INDIOS CHIPPEWAY

LA MUJER QUE DESPOSABA A CUALQUIERA

Regresaba la Luna-de-las-Ocas-Grises y con ella llegaba la buena temporada. Los alces habían perdido su pelo de invierno y el armiño recuperaba su vellón café.

Una tribu de Indios Chippeway se dirigía al sur en busca de manadas de bisontes. Entre ellos, una mujer llevaba una carga pesada. Una correa de su equipaje se rompió, luego otra y toda la carga se desparramó sobre el suelo. La mujer, que se llamaba Cuatro-Vientos, se detuvo para acomodar sus cosas. Su esposo le preguntó:

—¿Quieres que te ayude?

Ella respondió:

—No es necesario. Continua el camino, ya te alcanzaré.

Y la caravana desapareció poco después dentro de un pequeño bosque.

Un lobo, que pasaba cerca, vio a la mujer y le dijo:

—Deberías acompañarme y casarte conmigo. Los lobos nunca cargamos nada, eso será una ventaja para ti.

Cuatro-Vientos aceptó. Pero como estaba embarazada y el

lobo no deseaba adoptar al hijo de un hombre, le abrió el vientre con su cuchillo y depositó al bebé sobre la hierba.

Después, el animal y la mujer fueron a reunirse con una banda de lobos.

Al día siguiente, el primer marido regresó en busca de su mujer. Encontró al niño. Y, como la madre había desaparecido, se llevó al recién nacido a la tribu de los Chippeway.

Durante la Luna-de-las-Flores-Olorosas, Cuatro-Vientos trajo al mundo un pequeño lobezno. Poco tiempo después, a la joven mujer le crecieron colmillos de lobo en la boca. A ella esto no le importó y continuó ocupándose del bebé.

Un día, su segundo esposo salió a cazar. No pudiendo soportar quedarse sola, Cuatro-Vientos tomó al lobato entre sus brazos y salió a ver a los castores.

Cuando llegaba al borde del río, un macho grande la llamó:

—Cásate conmigo y te permitiré vivir en mi nueva cabaña. En ella tengo reunidas muchas provisiones.

Cuatro-Vientos aceptó y siguió al animal. Sin embargo, como el castor no quería hacerse cargo del hijo de un lobo, ella tuvo que abandonarlo cerca del río.

La mujer vivió con su tercer marido y durante la Luna-de-las-Bayas-Maduras le dio un hijo.

Poco tiempo después, Cuatro-Vientos notó que abajo de la espalda le crecía una cola. Pero, como esta carnosidad no la molestaba al sentarse, no le dio mucha importancia y continuó amamantando convenientemente a su hijo.

Ante la proximidad de las escarchas, los castores tuvieron que reparar su canal y abandonaron las cabañas. No pudiendo soportar la ausencia de su marido, Cuatro-Vientos fue hasta el bosque en busca de compañía.

Cerca de una gruta se topó con un oso. Encontrándola de su agrado, el plantígrado le declaró:

—Acepta ser mi esposa y no tendrás ningún problema este

invierno. Mi casa está caliente y yo me ocuparé de tu alimentación.

Feliz por esta oportunidad, Cuatro-Vientos entró en la caverna y ahí se instaló.

Durante la Luna-en-que-la-Helada-pone-Perlas-sobre-las-Ramas dio a luz un osezno. Luego, cuando se acercaban los grandes fríos, su cuerpo se cubrió de un espeso pelaje. Como Cuatro-Vientos era de naturaleza friolenta, le pareció agradable y acogió a su bebé entre su pelambre.

Fue entonces cuando el oso comenzó un largo sueño. Al dejar oír su sordo ronquido, la mujer trató de despertarlo. Lo zarandeó y zarandeó, pero él permanecía inerte como una cepa.

Sufriendo al sentirse abandonada, Cuatro-Vientos salió de la caverna y caminó a la aventura dejando a su bebé cerca del marido.

Era la época de la gran caza entre los Chippeway. Cuando los hombres de la tribu entraron al bosque descubrieron a la mujer. Esta erraba como alma en pena. A pesar de sus dientes de lobo, de su cola de castor y de su pelaje de oso, su primer marido la reconoció. Por cortesía no le hizo ningún comentario acerca de su extraño aspecto y la condujo a su tipi.

Ahí, entre los suyos, Cuatro-Vientos encontró a su hijo humano. Pero, en lugar de sentirse dichosa, se soltó llorando. Cuando le preguntaron la razón de su tristeza, ella no hizo más que lamentarse:

—¿En dónde está mi bebé lobo? ¿Y mi pequeño castor? ¿Por qué me separé de mi osito?

Su marido supuso lo que le había sucedido y le dijo para consolarla:

—Olvida el pasado. Ahora estás entre los hombres.

Entonces, Cuatro-Vientos se calmó y recomenzó una vida normal. Se confeccionó un vestido especial que escondía su pelambre de oso y su cola de castor.

Pero a pesar de eso, las mujeres de la tribu empezaron a burlarse de ella. Su vestido nuevo no disimulaba sus dientes de lobo y Cuatro-Vientos se sentía desesperada. Entonces tomó una decisión.

Una noche, declaró a su marido al acostarse:

—Estoy cansada de sus sarcasmos y he decidido detenerlos.

Su esposo quiso saber algo más, pero Cuatro-Vientos no respondió y se durmió.

En la mañana, su marido le sopló en el oído para despertarla, pero ella no se movió. Le hizo cosquillas en la nariz sin obtener resultado. Le mordisqueó la mejilla sin provocar ninguna reacción. Luego la volteó sobre la espalda para echarle agua en los ojos. Entonces, se dio cuenta que se había dado muerte con su cuchillo.

Después de esta horrible aventura, cuando una mujer chippeway escucha las promesas de un hombre, no cree más de la mitad y corre a encerrarse en su tipi.

INDIOS MENOMINI

LA TRISTE HISTORIA DE CABEZA—ESTALLADA

Al llegar al final de su vida, una mujer se preparaba a partir al País-de-las-Sombras. Tenía dos hijos. Al menor, llamado Retoño-Tierno, lo amamantaba aún. El mayor, Dos-Ojos, ya cazaba.

Antes de abandonar su cabaña[1], la mujer se cortó los senos y los suspendió sobre el bebé para que éste no muriera de hambre en su ausencia. Luego, temiendo que el mayor intentara retenerla, aprovechó para irse cuando éste colocaba trampas en el bosque.

El recién nacido bebió la leche de su madre y creció rápidamente. Cuando tuvo fuerzas para salir de su cuna, descubrió a un anciano sentado en un rincón de la choza.

—¿Quién eres? —preguntó el niño.

—Soy tu abuelo —anunció el viejo—. Voy a fabricar algunas armas para que puedas entrenarte en la cacería.

El anciano trabajó todo el día. Al llegar la noche, le dijo:

—Toma este arco y estas flechas y aprende a utilizarlos. El

---

1 En algunas tribus, cuando un Indio sentía llegar la muerte, se aislaba con el fin de implorar al Espíritu-Mayor que le abriera el País-de-las-Sombras.

arco es sólido y las puntas de las flechas puntiagudas; sobre todo, no dudes en afrontar a los animales más peligrosos. Voy a dormir cinco años porque estoy excesivamente fatigado. Cuando despierte, me mostrarás tus progresos.

El viejo se acostó y el niño se ejercitó en el tiro al arco. Pronto se convirtió en un buen cazador. Sin embargo, nunca se enfrentó a bestias más fuertes que él. Se contentó con derribar gansos, conejos y pavos.

Un día, siguiendo una pista, las huellas lo llevaron al bosque. Ahí descubrió a un joven cuya parte inferior del cuerpo estaba transformada en árbol. Gruesas raíces lo mantenían clavado en el suelo y le era imposible moverse.

—Soy Retoño-Tierno —declaró el joven—. ¿Tú, quién eres?

—Yo soy Dos-Ojos, tu hermano —respondió el otro.

—¿Puedes decirme lo que haces en esta postura tan rara? —interrogó Retoño-Tierno.

—Estaba colocando trampas cuando encontré a dos mujeres malas. Estas tienen un poder mágico y me han transformado en árbol.

—¿Qué puedo hacer por ti? —preguntó el chico.

—Desgraciadamente, nada. En cambio, yo tengo la posibilidad de ayudarte. El viejo que dijo ser tu abuelo no es otro sino Cabeza-Estallada, un Espíritu-Malo que visita la región. Va a tratar de exterminarte, pero sólo tendrá fuerzas para hacerlo si duerme cinco años sin interrupción.

Retoño-Tierno se alarmó:

—¿Cómo voy a poder deshacer los planes de esa vieja momia?

—Haz que no logre dormir cinco años —dijo Dos-Ojos—. Despiértalo antes si quieres escapar al destino que te reserva.

El hermano menor agradeció al mayor el consejo que acababa de darle y regresó a su cabaña.

Cabeza-Estallada yacía acostado en un rincón de la choza. Su perfecta inmovilidad lo hacía parecer un tronco. El joven se dijo:

"Puedo estar tranquilo durante un buen momento". Salió a cazar y no regresó sino cuatro años más tarde.

Cabeza-Estallada dormía aún. Su cuerpo estaba cubierto de musgo y los insectos corrían sobre sus piernas.

"Ha llegado el momento de acortar sus sueños", pensó Retoño-Tierno. Lo sacudió y zarandeó, pero el monstruo no se movió. Entonces, el chiquillo tomó una pesada piedra y la dejó caer sobre el cráneo del viejo.

Cabeza-Estallada despertó sobresaltado. Descubrió a Retoño-Tierno y masculló frotándose la frente:

—Has crecido mucho desde nuestro último encuentro.

—Hace un poco más de cuatro años —dijo el joven.

—¿Quieres hacerme un favor? —preguntó el Espíritu-Malo.
Retoño-Tierno dijo que aceptaba.

—Eres muy amable —dijo el viejo—. He despertado demasiado pronto, sin duda me dio frío en la espalda. Ve a la cueva del oso y tráeme su piel.

El joven cazador salió y fue a buscar a su hermano.

—Es exactamente lo que pensaba —dijo Dos-Ojos—. No tiene fuerzas para matarte porque no ha dormido suficientemente. Te envía hacía el oso esperando que éste lo hará en su lugar. Ve, pero ten mucho cuidado, este animal es aliado suyo y posee grandes poderes. Si quieres vencerlo, dispárale una flecha a la oreja izquierda y parte inmediatamente, sin voltear. Arréglatelas para pasar por aquí, tal vez te pueda ayudar si te encuentras en dificultades.

Retoño-Tierno partió al bosque y encontró al oso. Este era un animal gigantesco. Sus ojos lanzaban rayos y de su hocico escapaba fuego. El joven tiró, alcanzo al plantígrado en el lugar justo y se echó a correr. Furioso por la herida, el oso se lanzó a perseguirlo.

Cuando Retoño-Tierno pasó frente a su hermano, le preguntó:

—¿Qué es ese ruido que oigo a mis espaldas? ¿No parecería que un gigante está destruyendo los árboles del bosque?

—No es nada —dijo su hermano—. Sigue corriendo y sobre todo, no voltees.

Pero el muchacho no pudo evitar lanzar una mirada tras él. Se tropezó con una raíz y cayó cuan largo era. Cuando el oso iba a alcanzarlo, Dos-Ojos empujó el suelo con la punta de un dedo. La noche cayó instantáneamente. No pudiendo ver más, el animal buscó a tientas, pero no encontró al niño. Esta tregua permitió a Retoño-Tierno llegar hasta la cabaña y encerrarse.

Al día siguiente, el joven cazador encontró al oso sin vida, frente a su puerta. Lo despellejó, hizo una capa con su piel y fue a cubrir a su falso abuelo.

Aparentemente burlado, el viejo dio las gracias a Retoño-Tierno y volvió a dormirse por cinco años.

Y pasó el tiempo. El hermano menor cazaba e iba a platicar con su hermano mayor para distraerlo. Después de cuatro años, se dijo: "No debo dejar descansar a Cabeza-Estallada por más tiempo si no quiero que me haga pasar un mal rato".

Tomó una gruesa piedra y golpeó con ella la cabeza del monstruo. Este se sentó sobre el lecho y gruñó al descubrir a Retoño-Tierno:

—¿Cómo? ¿Todavía estás ahí?

—¿Por qué? —dijo el joven—. ¿Esperabas que luchara contra otro oso?

El viejo hizo como si no hubiera oído y dijo bostezando:

—No dormí el tiempo suficiente, sin duda tengo frío en los pies. Hazme un favor. Toma la canoa que está afuera y ve hasta la Isla-de-los-Pájaros. Haz un cobertor de pluma y regresa a cubrir mis piernas.

Retoño-Tierno aceptó, se alejó de la cabaña y fue a ver a su hermano.

—Ten mucho cuidado —le dijo Dos-Ojos—. Seguramente está embrujado el barco de Cabeza-Estallada. Si te encuentras en aprietos, imita tres veces el canto del buho y yo trataré de ayudarte.

Así, el joven cazador tomó la canoa y llegó a la Isla-de-los-Pájaros. Recogió plumas en los nidos y tejió un delicado cobertor. Pero cuando quiso volver a tomar la embarcación para volver a tierra firme, vio que el barco se alejaba solo.

"No se equivocó mi hermano", pensó. "Si me quedo aquí moriré de hambre". Entonces dejó oír tres veces el canto del buho.

En el bosque, Dos-Ojos lo escuchó. Tomó musgo y recubrió el Sol. Se heló el agua del lago y Retoño-Tierno pudo regresar a pie.

Al pasar frente a su hermano le dijo:

—Qué bueno que hizo frío, si no, no me habrías vuelto a ver.

Dos-Ojos sonrió y lo dejó continuar.

De regreso a la cabaña, Retoño-Tierno puso el cobertor sobre los pies de la horrible criatura. Más contrariado de lo que mostraba, Cabeza-Estallada refunfuñó y se volvió a dormir por cinco años.

Retoño-Tierno colocó trampas, pescó, dio largos paseos en la nieve y se volvió tan fuerte como un gran ciervo. Cuatro años después, al principio de la buena temporada, el joven Bravo regresó a su cabaña y rompió una piedra enorme sobre la cabeza de su supuesto abuelo. Este despertó de muy mal humor y dijo, al ver a Retoño-Tierno:

—¿Cómo puede ser? ¿Todavía no estás muerto?

—Ya no volví a la Isla-de-los-Pájaros —bromeó el joven Bravo.

El viejo se sentó en su lecho y gruñó:

—Decididamente, no sé qué pasa, no llego a dormir tanto como necesito. Debe ser porque tengo ganas de fumar. Ve a pedirle prestada su pipa al Hombre-de-los-Pantanos. Dile que vas de mi parte y te recibirá bien.

Como de costumbre, Retoño-Tierno fue hacía su hermano:

— ¡Maldición! —exclamó Dos-Ojos—. El Hombre-de-los-Pantanos es todavía más peligroso que el oso. No te dará su pipa, tendrás que combatir para arrebatársela. Toma este cuchillo en pedernal. Si el Hombre-de-los-Pantanos te ataca, arroja el cuchillo al suelo y huye tan rápido como puedas.

El camino fue largo y penoso. Cuando Retoño-Tierno penetró en la choza, el Hombre-de-los-Pantanos cocía serpientes venenosas para la cena. Era extraordinariamente grande y sus hombros ocupaban todo lo ancho de la pieza.

—¿Qué quieres? ¿No ves que molestas?

—Vengo a pedirte tu pipa para mi abuelo —replicó el cazador.

—Si quieres llevarte mi pipa —dijo el Hombre-de-los-Pantanos—, primero debes medirte conmigo.

—Acepto —dijo Retoño-Tierno.

La bestia arrancó un grueso roble y se hizo un mazo. El joven Bravo tomó su cuchillo y lo arrojó a tierra. Apenas tocó el suelo, el arma rebotó y fue a enterrarse en el vientre del odioso personaje.

Viendo que el Hombre-de-los-Pantanos no estaba muerto, Retoño-Tierno se apoderó rápidamente de su pipa y huyó corriendo.

—¿Por qué te vas tan rápido? —gritó el coloso—. El combate no ha terminado. ¡Regresa!

Y como Retoño-Tierno parecía no oírlo, el Hombre-de-los-Pantanos se lanzó a su captura.

Al pasar frente a su hermano, el joven Bravo preguntó:

—¿Viene muy lejos?

—Se está acercando —respondió Dos-Ojos—. No te detengas, yo me encargo de él.

Entonces el mayor aspiró el Viento-del-Norte en su ancho pecho y lo sopló en la cara del Hombre-de-los-Pantanos. El gigante se quedó clavado y Retoño-Tierno tuvo tiempo de encerrarse en su cabaña.

—He aquí la pipa que pedías —dijo al viejo mostrándole el objeto.

Cabeza-Estallada estaba tan sorprendido que tuvo que poner su mano frente a la boca para que su alma no se escapara por el orificio. "Nunca voy a liberarme de este bribón" pensó el horrible viejo. Luego dijo en voz alta:

—Te lo agradezco enormemente. Voy a poder fumar y dormirme inmediatamente después.

Retoño-Tierno esperó a que el viejo durmiera profundamente. Cuando escuchó sus ronquidos salió de la cabaña y encontró al Hombre-de-los-Pantanos muerto frente a la entrada. Durante su agonía éste se había vuelto tan pequeño como una ardilla. De un puntapié, el joven Bravo lo mandó hasta las estrellas y luego fue a revisar sus trampas.

Una vez más, transcurrieron cuatro años. Cabeza-Estallada parecía ahora una cepa podrida. La hierba crecía entre sus cabellos y las arañas tejían sus telarañas. Retorno-Tierno decidió que había llegado el momento de despertar a la espantosa criatura. Lo hizo con una piedra. El viejo saltó, se frotó los ojos y rezongo contra el joven.

—¿Qué te voy a encontrar siempre a mi cabecera? Bueno, no estoy enojado contigo, veo que te has convertido en un hombre y voy a hacerte un favor. Ve a ver a las dos hermanas de la montaña y diles que quiero que se casen contigo.

Retoño-Tierno partió, no sin detenerse en el lugar en donde su hermano estaba enraizado.

—Ya me figuraba que terminaría enviándote a casa de las chipis —declaró Dos-Ojos—. Esas mujeres son peligrosas. Son muy bellas, pero poseen poderes sobrenaturales. Fueron ellas quienes me convirtieron en árbol. Se llevaron la parte inferior de mi cuerpo para divertirse. Toma esta pata de conejo y esta pezuña de ciervo. Si tienes necesidad de huir, lanza estos objetos, uno después del otro por encima de tu cabeza.

Retoño-Tierno se puso en camino. Durante toda la noche escaló una escarpada pendiente y llegó a la choza de las dos hermanas al salir el Sol. La casucha estaba hecha de tablas separadas. El Bravo miró por una hendidura y vio a dos hermosas mujeres. Jugaban a la pelota con el cuerpo de su hermano. Retoño-Tierno, indignado, entró sin anunciarse. Al verlo, las hermanas exclamaron alegremente:

—Mira, un nuevo juguete. Seguramente este guapo joven nos va a pedir que seamos sus mujeres.

—Había venido para casarme con ustedes —replicó secamente el Bravo—, pero prefiero regresar al lugar de donde vengo. Nunca me casaré con dos fealdades como ustedes.

Furiosas, las dos hermanas quisieron lanzarse sobre él. Sus uñas crecieron bruscamente y tomaron el aspecto de puñales. Retoño-Tierno logró escaparse y corrió. Las mujeres se lanzaron tras él. Cuando ellas estaban ganando terreno, el Bravo lanzó la pata de conejo sobre su cabeza y se transformó en liebre. Bajo esta nueva forma ganó distancia. Pero desgraciadamente, la liebre se fatigó y sus perseguidoras la alcanzaron. Entonces, arrojó por encima de su cabeza la pezuña de ciervo. Se transformó en venado y, con nuevas fuerzas, pudo llegar hasta su cabaña y encerrarse.

Apenas había entrado cuando Retoño-Tierno recuperó su apariencia real. El viejo estaba despierto e, irritado por esta entrada intempestiva, rechinó:

—¿Por qué regresas tan pronto, no debías casarte?

—Renuncié, mi querido abuelo. Las esposas que me indicaste no me agradaron.

En ese momento tocaron a la cabaña. El Bravo fue a abrir. Entraron dos mujeres viejas. Estaban cubiertas por andrajos y sus rostros desaparecían bajo las arrugas. Pero Retoño-Tierno notó que estaban sin aliento y comprendió que se trataba de las dos hermanas de la montaña.

Antes de darles tiempo a pronunciar una palabra, el Bravo se

arrojó sobre las recién llegadas y las amarró juntas con una larga cuerda. Luego reunió leños alrededor de ellas y encendió el fuego. Cuando las llamas subían, dijo dirigiéndose al viejo:

—Las mujeres entradas en años son generalmente friolentas; más vale calentar a éstas antes de que se enfermen.

Viendo que sus últimas aliadas se consumían, Cabeza-Estallada se sintió enfermo. Su rostro reverdeció, su piel se arrugó como una corteza y se convirtió en tronco. Retoño-Tierno tomó el pedazo de madera, lo arrojó al fuego y esperó a que se transformara en ceniza.

Desembarazado por fin de los maleficios que oscurecían su vida, el Bravo regresó a la choza de las hermanas para recuperar el cuerpo de su hermano. Luego, fue al bosque, cortó la mitad del árbol al que Dos-Ojos se encontraba prisionero y reconstituyó a su hermano mayor.

Volviéndose normal, Dos-Ojos movió los dedos del pie y se declaró satisfecho. Volvió a aprender a caminar y pronto pudo ganarle a su hermano en las carreras.

Poco después, los dos hermanos fueron a una comarca en donde no vivía ningún Espíritu-Malo. Cada uno se casó con tres mujeres y tuvieron doce hijos. Así pudo transmitirse la abominable historia de Cabeza-Estallada.

INDIOS CADDO

LA JOVEN BISONTE

Esta historia tuvo lugar durante una época en que la tierra no era aún lo que es hoy.

Una-Sola-Flecha era un hábil cazador y no había Indio que pudiera rivalizar con él en destreza. Diario traía presas a la tribu; abastecía hasta a los viejos y enfermos y todos le tenían gran estima.

A Una-Sola-Flecha le gustaba sobre todo matar bisontes. Estas grandes bestias ejercían sobre su persona una verdadera fascinación y no se cansaba de acecharlos. Tanto sufrían los bisontes con su encarnizamiento, que se reunieron y acordaron tenderle una trampa.

Un día, durante la época de la hierba alta, Una-Sola-Flecha encontró una joven en el valle. Como era muy bella, él la llamó.

—Ven a hablar conmigo —respondió ella—. Me llamo Pies-Pequeños, me aburro sola y busco un esposo.

Subyugado por su voz y su gran belleza, Una-Sola-Flecha se acercó, puso una mano sobre su hombro y la desposó inmediatamente.

—¿Tienes padres? —preguntó el joven cazador.

Ella declaró:

—Sí tengo. Pero si quieres que permanezca contigo, no debes preguntarme nada sobre ellos.

Una-Sola-Flecha aceptó y llevó a Pies-Pequeños a su pueblo. La joven era tan alegre, que el Bravo decidió nunca separarse de ella. Tomó por costumbre el cazar menos seguido y ya no volvió a obtener carne más que para su esposa. Los viejos se restringieron y los enfermos también.

Al llegar la estación en que los brotes surgen de la tierra, Pies-Pequeños dijo a su marido:

—Quisiera visitar a mi familia, ¿querrás acompañarme?

Una-Sola-Flecha, que no deseaba separarse de su mujer, dijo que quería acompañarla.

—Está bien —dijo ella—. Pero te advierto, de nada deberás asombrarte, aunque veas cosas extraordinarias.

El lo prometió y ella agregó:

—Además, no deberás traer ningún arma contigo. Mis padres son muy miedosos y los asustarías.

Una-Sola-Flecha pensó que esto era muy raro, sin embargo aceptó.

Partieron durante el momento en que el rocío moja los mocasines. La joven mostraba el sendero y el hombre joven caminaba detrás de ella.

Así atravesaron un bosque inmenso y franquearon una cadena de montañas. Tras sus alturas se extendía una amplia llanura. Miles de bisontes pastaban en la verde hierba.

—He ahí mi pueblo —dijo Pies-Pequeños—. Mis padres están ahí también.

Como lo había prometido, Una-Sola-Flecha no dio muestras de asombro.

La joven agregó:

—Mis hermanos bisontes están coléricos contigo ya que has causado grandes bajas entre ellos. No obstante, si haces todo lo que te indico, no te sucederá nada malo.

—¿Qué debo hacer? —preguntó el cazador.

—Tu apariencia puede irritarlos. Ruédate dos veces en la hierba y todo irá mejor después.

Pies-Pequeños dio el ejemplo y Una-Sola-Flecha la imitó. Cuando se pusieron de pie, los dos estaban transformados en bisontes.

—Bajo este aspecto olvidarán más fácilmente que eres un hombre —dijo la mujer—. Ahora debes ir a saludar a mis parientes. Para que puedas reconocerlos dentro de la manada, debes saber que mi madre tiene una cuchillada en la frente. Mi padre lleva un cuerno roto, mi tía tiene la cola cortada y mi tío cojea ligeramente. En cuanto a mis hermanos y hermanas, todos llevan hierba seca en la nariz.

Tan asustado como una rana en la boca de la serpiente, Una-Sola-Flecha avanzó hacia la manada. Un sordo gruñido surgió ante su avance. No obstante, ningún bisonte lo atacó.

Gracias a las indicaciones que su esposa le había dado, el cazador pudo identificar a su familia y saludarla cortésmente. Los animales lo invitaron a pastar en su compañía. Sin embargo, a pesar de su aparente amabilidad, Una-Sola-Flecha notó que le habían dejado el lugar en donde la hierba estaba menos tupida y era menos abundante.

En la noche, Pies-Pequeños dijo a su esposo:

—Mañana los jóvenes te retarán a una prueba. Si ganas, serás considerado como un bisonte y ya no deberás temer sus represalias. Si pierdes, te matarán.

—¿En qué consiste la prueba? —preguntó el cazador.

—En una carrera —precisó la mujer.

Una-Sola-Flecha no cerró los ojos en toda la noche. Aprovechó para darse masajes en las piernas con grasa de oso. Después pintó plumas de ganso salvaje sobre su torso y cuernos de ciervo en sus pantorrillas.

Cuando perfiló la aurora sobre los tipis, Pies-Pequeños le dijo:
—No quiero que te suceda nada malo porque me doy cuenta de que te amo. Por eso voy a ayudarte. He aquí cuatro objetos que te serán muy útiles. El primero es una piedra. El segundo es una hoja de arce. El tercero es una bolita de arcilla y el último una brizna de hierba. Desde el principio de la carrera, deberás adelantarte a tus adversarios. Si ves que te alcanzan, lanza estos objetos tras de ti uno después de otro. Pero sepárate de ellos lo más posible, no puedo ofrecerte más.

Cuando fue dada la señal de partida, Una-Sola-Flecha corrió lo más rápidamente posible y ganó un poco de ventaja. Por desgracia tenía poco de ser un bisonte y pronto le fallaron las fuerzas. Entonces, sin disminuir la rapidez, arrojó la piedra tras él. Esta piedra provocó una avalancha de grandes rocas puntiagudas. Los bisontes se vieron obligados a frenar para evitarla y muchos de ellos se quebraron las patas.

Más lejos, Una-Sola-Flecha vio que sus perseguidores lo alcanzaban otra vez. Aventó la hoja. Inmediatamente surgió de la tierra un espeso bosque. Los bisontes perdieron tiempo escurriéndose entre los troncos de los árboles.

Luego comenzaron a correr y ganaron el terreno perdido. Una-Sola-Flecha arrojó la bolita de arcilla. Un pantano lo separó de los bisontes. Estos se atascaron, pero pudieron volver a lanzarse en la carrera.

Entonces el joven aventó la brizna de hierba. Una profunda grieta se abrió en el suelo. Los hermanos de Pies-Pequeños no pudieron saltar sobre el precipicio y tuvieron que rodearlo.

Durante este tiempo, Una-Sola-Flecha llegó a la meta y ganó la prueba. Estaba muy cansado y le faltaba tanto aliento, que debió permanecer todo el día acostado en el tipi.

Al día siguiente, los bisontes llegaron a pacer alrededor de él y le pareció notar menos animosidad en sus ojos.

Pies-Pequeños dijo a su esposo:

—Las cosas van mejor para ti. Tu vida está a salvo, pero muchos de los machos mayores te reprochan aún el haber sido su más cruel enemigo. Puedes terminar con su hostilidad declarándoles que nunca más volverás a cazar un bisonte.

Una-Sola-Flecha aceptó. De todas maneras, ahora que había aprendido a conocer a estos grandes animales pacíficos, ya no tenía ganas de matar a uno solo.

Pies-Pequeños reunió a la manada y dijo:

—Escuchen todos. Mi marido tiene algo que decirles.

Una-Sola-Flecha tomó la palabra:

—Amigos, consideren estas palabras como una promesa. He decidido no volver a quitarle la vida a un bisonte.

Inmediatamente estallaron gritos de alegría entre el rebaño. Con reconocimiento, los bisontes felicitaron al ex cazador y le hicieron fumar la pipa de la paz. Durante la ceremonia que organizaron para festejarlo, los nuevos amigos de Una-Sola-Flecha cambiaron su nombre. Lo llamaron Espíritu-del-Bien y le ofrecieron un gran banquete.

Al final de la Luna-en-que-el-Hielo-hace-crujir-la-Madera, Espíritu-del-Bien regresó a su pueblo en compañía de su mujer. En el camino se rodaron dos veces en el suelo y recuperaron su forma humana.

Cuando el padre del joven les preguntó en donde habían estado, Espíritu-del-Bien únicamente dijo que habían ido a visitar a la familia de la joven esposa y que tenía un nombre nuevo. Presintiendo un misterio, el padre no insistió.

La escasez reinaba entre la tribu y la gente del pueblo se alegró del regreso de su mejor cazador. Pero éste abandonó sus armas y permaneció en su tipi. Cuando se le preguntaba por qué no iba a cazar, respondía evasivamente.

En la Luna-en-que-Reverdece-la-Corteza-sobre-los-Troncos, Pies-Pequeños dio un hijo a su marido. Lo llamaron Hijo-de-la-Llanura y a nadie le extrañó.

Cuando el hambre surcó los vientres, los hombres válidos decidieron perseguir al bisonte. Fue entonces cuando Pies-Pequeños intervino. Declaró a la tribu:

—Esperen, no se precipiten. Conozco un medio que podrá quizás aliviar su desgracia.

Toda la noche salmodió una canción mágica. Al llegar la mañana, dijo:

—En sueños hablé con el jefe de los bisontes. Hasta ustedes llegará una manada. Ya no morirán de hambre puesto que podrán matar a las bestias para satisfacer sus necesidades. Pero el jefe pone una condición: de cada animal derribado, ustedes no podrán tomar más que la carne o la piel. Nunca las dos del mismo bisonte. Así, las víctimas podrán revivir, el rebaño permanecerá intacto y ustedes tendrán comida siempre.

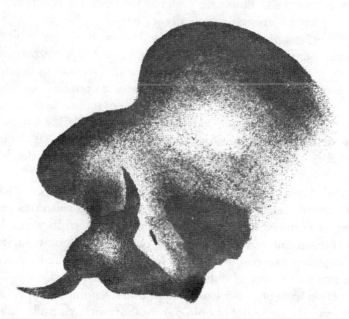

Tras este discurso, prendió una pipa de la paz y la dio a fumar a los hombres del pueblo.

En el horizonte advirtieron gran rebaño de gordos bisontes.

— ¡Vayan y hagan lo que he dicho! —gritó Pies-Pequeños a los hombres.

Y comenzó la cacería. Bastaba con tocar a un animal con la punta del dedo para que cayera muerto. Los cazadores respetaron su promesa. Aquellos que solamente necesitaban la piel para vestirse, dejaron la carne. Los que querían la carne para alimentarse, dejaban la piel.

Tras esta cacería fructífera, los bisontes muertos se levantaron y se reunieron a sus compañeros.

La vida se volvió fácil en la tribu. Bastaba con pedir a Pies-Pequeños que hiciera venir a los bisontes para que todos encontraran la abundancia. Bajo este régimen los hombres recuperaron las fuerzas y las mujeres volvieron a tener leche.

Desgraciadamente, llevando una vida tan fácil, las mujeres engordaron demasiado y los hombres se volvieron perezosos. El interior de los tipis dejaba mucho que desear. Las madres dejaron de lavar a sus hijos y prepararon menos buena la comida. Los hombres no volvieron a fabricar armas. Cuando se quebraba la cuerda de un arco, no volvía a ser reparada. La madera de las lanzas se secaba y se abría. Los gusanos se comían las plumas de las flechas en las aljabas. Aun los perros dormían todo el día echados a la sombra.

Al final, los hombres olvidaron el pacto que habían establecido. Les parecía una pérdida tener que matar a dos bisontes para recuperar la carne y la piel. Se abastecieron de vestido y comida con un solo animal y los bisontes fueron incapaces de resucitar. El rebaño se desintegró con rapidez hasta el día en que no quedó más que una sola bestia. Y el hambre volvió a aparecer.

Temiendo lo peor, Espíritu-del-Bien dijo a su mujer:

—Observa, la gente del pueblo parece fantasma. Ya no le queda más que la piel sobre los huesos y muchos han muerto de hambre esta mañana. ¿Podrías hacer algo por estos desdichados?

—Aunque quisiera, no podría —respondió Pies-Pequeños—. Ninguno mantuvo su promesa hacia mis hermanos bisontes. ¿Cómo podrían éstos volver a creer en esta gente?

—¿Qué nos va a suceder en estas condiciones? —se lamentó Espíritu-del-Bien.

—Sígueme e imítame si lo deseas —replicó la mujer.

Fue a buscar a su hijo y lo tomó entre sus brazos. Luego se rodó dos veces en el suelo. La madre y el hijo se convirtieron en bisontes. Los dos animales lanzaron un largo mujido, rascaron la tierra con los cascos y se alejaron trotando.

Imaginando que lo necesitarían, Espíritu-del-Bien permaneció con la gente de su pueblo. Intentó cazar, pero ya no sabía dar en el blanco y era incapaz de tender el arco. Cuando disparaba hacia un bisonte, su flecha se clavaba en un conejo. Los hombres se cansaban de repetirle: "Caza por nosotros, tú eres el mejor y el más hábil", Espíritu-del-Bien no proporcionaba más que zorrillos, comadrejas o pavitos dejados por los zorros porque les parecían demasiado flacos.

Frente a tales fracasos, Espíritu-del-Bien se sintió desalentado y decidió permanecer en su tipi. Un día, fatigado y atormantado por el hambre, decidió entregar su alma al Ser-Eterno. Pero éste no la aceptó y le declaró:

—¿Qué haría con el alma de un cazador que faltó a su palabra? Contigo, condeno a los habitantes de este pueblo a vivir eternamente sobre la Tierra.

Entonces el joven Bravo se convirtió en un viejo mendigo.

Hombre-Bien-Triste es su nuevo nombre.

INDIOS WISHITA

EL HOMBRE QUE QUERIA VIVIR SOLO

Hace mucho tiempo, en una época muy lejana, un hombre joven algo extraño, vivía en la tribu de los Wishita. Se llamaba Cuerno-Pequeño y hasta entonces no había amado a ninguna mujer. Mientras que los otros jóvenes de su edad ya tenían varias esposas y vivían en su propio tipi, el Bravo no buscaba la compañía de las jóvenes. Cuerno-Pequeño continuaba solo y vivía con su familia.

A la gente del pueblo esta conducta le parecía muy rara, sobre todo que Cuerno-Pequeño era considerado por todos como un buen cazador y no estaba deforme en lo más mínimo. No respondía ante las miradas de las jóvenes casaderas. Y, si casualmente una de ellas se metía en la noche en su lecho, él la expulsaba lanzándole piedras y cubriéndola de injurias.

Además, Cuerno-Pequeño no participaba en los juegos de los Indios. Cazaba solo y, a su regreso, nunca tenía nada que platicar.

Tan extraña actitud hacía murmurar a los Wishita. Un buen número de ellos pensaba que Cuerno-Pequeño estaba bajo el dominio de un Espíritu-Malo que buscaba atraerlo hacia sí. Por lo tanto, en las noches ante el fuego de la hoguera, los hombres se sentaban continuamente en círculo alrededor de él y cantaban encantamientos destinados a alejar al Espíritu-Malo de su cerebro. Cuando los hombres se iban, las jóvenes casaderas desfilaban frente al joven tratando de hacerse notar. Pero él no retenía a ninguna y regresaba a dormir solo a su tipi.

La consternación reinaba alrededor de Cuerno-Pequeño.

En el pueblo vecino vivía una bella joven. Se llamaba Pelusa-Blanca y se comportaba con los hombres de la misma manera que Cuerno-Pequeño con las mujeres. Nunca iba a buscar agua con las otras jóvenes y bajaba la mirada siempre que se cruzaba con un muchacho. Las ancianas de la tribu le repetían que esa no era la mejor manera de buscar esposo, pero ella no cambiaba de actitud.

Sin embargo, una noche, llevada por una fuerza misteriosa, Pelusa-Blanca se levantó y salió de su tienda. Caminaba derecho sin saber a dónde iba.

Por su lado, animado por un sentimiento idéntico, Cuerno-Pequeño decidió dar un paseo.

Los dos jóvenes se encontraron en el lindero del bosque. La luna cantaba y las estrellas danzaban en coro.

—Este es el joven de mis sueños, pero no conozco su nombre —dijo Pelusa-Blanca.

—He aquí alguien con quien me gustaría platicar, pero no sé su nombre —dijo Cuerno-Pequeño.

—Mis padres me llaman Pelusa-Blanca —dijo la joven.

—Mi familia me nombra Cuerno-Pequeño —dijo él.

Se casaron y partieron a construir su tipi en un lugar desierto.

Después de algún tiempo, cuando los ciervos habían perdido su cornamenta, Pelusa-Blanca dio a luz un niño.

Cuerno-Pequeño estaba feliz de ser padre. Cazaba y regresaba cada tarde a su tipi con carne para su mujer e hijo. Curtía las pieles más suaves y se encargaba de los trabajos más duros.

Hasta que un día el Bravo se cansó de esa vida rutinaria. Extra-

ñaba sus largas caminatas solitarias y adquirió la costumbre de ir a cazar cada vez más lejos. A veces, pasaba varias noches sin regresar, dejando a la familia sin protección. Pelusa-Blanca se aburría y el niño preguntaba por su padre.

Un día, la mujer se dijo: "Mi esposo ha vuelto a sus costumbres de antes y realmente me abandona demasiado. Regresaré a casa de mis padres".

Tomó a su hijo y volvió entre los suyos.

Poco tiempo después, Pelusa-Blanca supo que también Cuerno-Pequeño había regresado a su pueblo. Pensó: "Habría preferido saber que había muerto en la cacería".

Con el hijo en los brazos, llegó a la tribu en donde ahora vivía su marido.

Los Bravos tenían un consejo de guerra y Cuerno-Pequeño estaba entre ellos. A pesar de la ley que prohíbe a las mujeres el penetrar en el círculo, ella se acercó, dejó al niño en los brazos del padre y partió.

Cuerno-Pequeño lo acostó en el tipi de sus padres. En la noche el niño lloró.

—Haz algo por él —dijo Cuerno-Pequeño a su madre.

—No tengo leche desde que dejé de amamantarte —respondió la anciana—. Busca a tu esposa, ella lo alimentará.

En la mañana, Cuerno-Pequeño siguió las huellas de Pelusa-Blanca. Atravesó una llanura, un pantano, un bosque y la encontró al borde de un lago. Desde lejos le gritó:

— ¡Mujer, regresa! Debes alimentar a nuestro hijo.

Pero Pelusa-Blanca no respondió. Se desnudó, se transformó en águila y se fue volando.

Como el ave describía círculos sobre su cabeza, Cuerno-Pequeño gritó otra vez:

— ¡Aguila, no te vayas! Debes hacer algo por el niño.

El pájaro escuchó este llamado. Con el pico se arrancó una pluma del cuello, descendió y la depositó sobre la frente del recién nacido.

Inmediatamente éste se convirtió en aguilucho. Se unió a su madre en el cielo y ambos desaparecieron sobre las montañas.

Cuerno-Pequeño se sentó sobre una gran piedra y reflexionó durante toda la noche en esta metamorfosis. Al fin, desesperado, se desvistió, se lanzó al agua y tomó la apariencia de una nutria.

Desde entonces, se quedó para siempre en el fondo del lago. Aunque entre los Wishita nadie supo nada, las malas lenguas decían que vivía retirado en compañía de una vieja carpa y que extrañaba a su bella mujer de antes. Pero éstas no son sino palabras traídas por el viento.

El hecho es que, desde ese tiempo, los hombres de la tribu regresan a sus tipis todas las noches después de la caza . . . aun aquellos que están embrujados por un Espíritu-Malo.

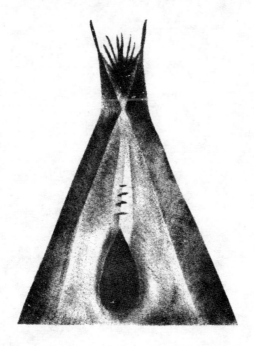

EL HOMBRE DESCONTENTO DE SU MUJER

En el norte de un triste estado, en un lugar en donde la nieve era tan espesa que los alces se hundían hasta los cuernos, vivía una pareja sin hijos. Este hombre y esta mujer no vivían en buena armonía.

En la época en que el Sol se cubre de un espeso velo de niebla, cerca de la Luna-en-que-los-Armiños-se-vuelven-Blancos, empeoraron los problemas en el hogar. La caza era difícil en este periodo del año. Los grandes ciervos habían abandonado los bosques y hasta los lobos se habían ido hacia el sur. El hombre no encontraba rastro de caza mayor y debía contentarse con pequeños roedores paralizados por el frío. Tras buscar todo un día, el cazador podía sentirse contento si conseguía una minúscula comadreja, un ratón o un castor.

Frente a tan pobres piezas, la mujer refunfuñaba y reprochaba a su esposo por no tratar de buscar mejor. Y mientras más insistía él en que los animales habían huido hacia comarcas más cálidas, más reproches le dirigía ella. Un día, ella contestó:

—Me he casado con el peor cazador que existe. Durante la

buena temporada me iré a buscar otro hombre.

Desde ese instante su mal carácter empeoró. Se enojaba por cualquier cosa y llegó a adoptar un comportamiento insoportable. Pedía todo el tiempo de comer y no pensaba más que en eso.

Una tarde, el cazador regresó a la cabaña con un pequeño zorro de las nieves. La mujer hizo un guiso, pero no dio al marido más que las patas, las orejas y la cola del animal. Se comió los mejores pedazos frente a él como si él no estuviera presente. El hombre le dijo asombrado:

— ¡Estás loca! ¿Quieres verme morir de hambre?

Ella respondió terminando los muslos y el lomo:

—Es más que suficiente para un perezoso. Yo necesito comer más que tú para tener fuerzas para prender el fuego.

Al día siguiente, el cazador regresó con un cuervo. La mujer lo coció. Después bebió el consomé y comió las partes carnosas. No dejó a su marido más que las plumas y los intestinos. Cada vez más estupefacto, el hombre dijo:

—Si no compartes de manera más justa, pronto seré incapaz de levantarme para ir a cazar.

Ella respondió a su turno:

—Mata un oso y entonces habrá para los dos.

El le explicó que los osos dormían en el fondo de las cavernas y que no salían de su agujero sino hasta la buena temporada. Ella refunfuñó, eruptó satisfecha y se fue a dormir. Al cazador no le quedó más remedio que roer los huesos y fue a acostarse con el estómago vacío.

Y las cosas continuaron así. Sin embargo, el hombre salía cada día y se cansaba cada vez más. El enflaquecía, mientras que su mujer engordaba. Al final, cansado de esta increíble situación, el cazador encontró un viejo abeto y le contó su historia.

—Esa mujer está loca, pone sus dos vidas en peligro —concluyó el anciano del bosque—. Según yo, no queda más que una solución al problema.

—¿Cuál? —preguntó ansiosamente el hombre—. Dame rápido un consejo antes de que pierda completamente las fuerzas.

—Bien, no te queda más que ocuparte de las tareas de tu esposa y dejarle a ella las tuyas.

—Pero ella es incapaz de cazar.

—Precisamente. Haz lo que te digo y verás el resultado.

El cazador dio las gracias al viejo sabio y regresó a su cabaña. En el camino mató a un conejo y lo escondió bajo su abrigo.

La esposa esperaba al marido frente a la puerta. Al ver sus manos vacías, se enfureció:

—Te fuiste un buen rato. Debes haber obtenido una presa muy pequeña como para poder esconderla en el hueco de tu puño.

El hombre extendió las dos manos vacías y dijo:

—Desgraciadamente no traigo nada. Vi un águila, pero ¡lástima!, no logré saltar suficientemente alto para atraparla.

Y fue a acostarse sin agregar ni una palabra.

Al amanecer del día siguiente, el cazador permaneció acostado en el lecho. Su mujer lo sacudió:

—Levántate y ve a cazar. Voy a morir si pasas el día durmiendo.

—Ve en mi lugar —replicó el hombre—. Mientras tanto yo prepararé el fuego y esta noche asaré el oso que vas a traer.

Luego le dio la espalda e hizo como si roncara.

La mujer tuvo un acceso de cólera loca. Gritó, hizo gran escándalo, golpeó dos cacerolas entre sí. Pero no logró nada: el cazador no se movió.

Al fin, la fiera se cubrió con un grueso cobertor y salió de la cabaña.

Cuando se hubo alejado, el cazador se levantó. Encendió el fuego y cocinó el conejo. Después se lo comió entero y se sintió mucho mejor.

Así pasó el hombre toda la mala temporada. Colocaba trampas, lazos y comía todo lo que atrapaba. Engordó y adquirió nuevas fuerzas.

Cuando los rayos del Sol empezaron a traspasar la bruma, el cazador pensó: "Caray, qué extraño, mi esposa no ha regresado. A lo mejor se perdió en el bosque y me necesita. Iré a buscarla".

Siguió las huellas que ella había dejado en la nieve y, tres días después, llegó hasta una choza. Entró y encontró a su mujer en compañía de otro hombre. Este último tenía aspecto de fantasma, bajo sus huecas mejillas se notaban los huesos de su rostro y su piel tenía una palidez de miedo. Sus manos eran de una delgadez pavorosa y su cuello estaba tan flaco que no se sabía cómo podía mantener la cabeza sobre los hombros.

—¿Qué buscas aquí? —preguntó el hombre con voz mortecina—. ¿Te perdiste?

—No —respondió el cazador—. Buscaba a mi esposa y la he encontrado.

El hombre esquelético observó a la gorda mujer que estaba sentada a su lado y dijo con evidente satisfacción:

—Si esta ballena eternamente hambrienta es tu mujer, puedes llevártela. Yo encontraré otra que coma menos.

— ¡No deseo privarte de ella! —exclamó el cazador—. Quédate con ella, conmigo enflacaría.

Dicho esto, salió y tomó el camino de regreso a su vivienda. En el camino pasó cerca del gran abeto.

—¿Seguiste mi consejo? —preguntó éste.

—Exactamente —dijo el cazador—. Y te lo agradezco.

—¿Y qué sucedió?

—Mi esposa continua tan gorda como antes y actualmente vive con un esqueleto viviente.

—¿No te duele esta separación? —preguntó otra vez el viejo árbol.

Por toda respuesta el hombre lanzó una fuerte carcajada. Su aliento hizo fundirse la nieve y el suelo reverdeció.

INDIOS KATO

EL NIÑO QUE LLORABA DEMASIADO

Ya hacía calor desde una luna antes. Una mujer dio a luz un niño durante la segunda parte del día. Lo llamó Sol-Poniente.

En el curso de esa noche, el bebé no dejó de llorar. En la mañana las mujeres de la tribu llegaron a ver a la madre. Una de ellas dijo:

—Nadie pudo cerrar un ojo desde que el Sol se metió hasta que volvió a salir. Tu hijo grita de forma espantosa, ¿no podrías hacer que se callara?

—No sé qué tiene —respondió la mujer—. No es como los otros recién nacidos. He querido alimentarlo, pero rechaza mi leche. Me parece que este niño es anormal.

Una vieja bañó al niño, inspeccionó minuciosamente su cuerpo, observó su garganta, examinó los oídos y la nariz sin encontrar explicación a su extraña conducta.

—No tiene nada —dijo la anciana en conclusión—. Probablemente le molesta el calor.

Las mujeres se retiraron y el niño continuó llorando durante ocho días y ocho noches. Al final la madre fue en busca de la anciana.

—Sol-Poniente continúa rechazando el alimento que le doy. No ha tomado nada desde que nació y ya no soporto oírlo gritar. Necesito descansar; consérvalo hoy contigo, mañana regresaré por él. Decididamente este niño no es normal.

La vieja acostó al niño en un lecho de hojas y de musgo fresco. Sin embargo, no por eso dejó de llorar. Y a la madrugada la anciana regresó el niño a su madre.

—No pude hacer nada por él. No sé qué tiene. ¿Será tal vez que no le conviene ese nombre?

Llamaron al Hechicero. Este repitió tres veces, en cada oído del niño, los nombres más dulces y envidiados. Pero no se produjo ningún cambio. Los gritos del bebé no disminuyeron.

Entonces el Hechicero lo frotó con pieles de serpiente y le untó el cuello con grasa de oso. Pero nada detuvo sus alaridos. Al contrario, hay quien afirma que lloraba cada vez más fuerte.

Tras haber agotado todos los recursos, el Hechicero declaró:

—Mis mejores medicinas son ineficaces. Este niño no es normal. Quizás esté roído interiormente por un Espíritu-Malo.

Y, una luna después, el recién nacido seguía llorando.

Los Sabios se reunieron en consejo. La madre tomó lugar al centro del círculo con su hijo y dijo a la asamblea:

—Ya no puedo seguir oyéndolo gritar. Hasta ahora no ha querido comer y empieza a asustarme su aspecto. Observen, en la frente le están saliendo cuernos y sus pies crecen desmesuradamente.

Al ser consultado, el Hechicero declaró:

—En verdad Sol-Poniente es bastante aterrador. Nunca he visto un niño así y éste podría atraer la desgracia sobre nosotros. Propongo que suspendamos su cuna[1] a un árbol y que huyamos de aquí.

Así, Sol-Poniente fue amarrado a una rama y la tribu partió hacia el Sur.

---

1 Los bebés Indios eran amarrados a un armazón de madera que las madres podían cargar a la espalda o suspender de un árbol.

Tras tres días de marcha, la madre dejó de escuchar los gritos de su hijo. "Debe estar muerto, entonces ya no hay problema. Deberíamos regresar y ponerlo sobre un estrado fúnebre[1].

A pesar de no estar muy convencida, la gente aceptó para complacer a la madre.

Cuando la tribu llegó, encontró vacía la cuna. En el suelo la mujer reconoció las huellas de su hijo.

—Se dirige hacia el norte —dijo—. Hacia el país de los Espíritus-Malos. Debemos alcanzarlo y salvarlo.

Ante su pena y al oír sus temores, la gente aceptó seguirla.

En el camino descubrieron cenizas con piñas de un pino calcinadas a medias.

—He aquí la prueba de que Sol-Poniente no está muerto —dijo la madre—. Continuemos y ayúdenme a encontrarlo.

La tribu se puso en marcha otra vez. Más lejos, a un día de camino, encontró otros restos. Junto a las piedras de una hoguera descubrieron cabezas de salmones.

—Es extraño —dijo el Hechicero—. En esta región no hay salmones, estamos muy cerca del Norte. Verdaderamente este niño no es normal. No debemos seguirlo más, corremos el riesgo de penetrar en el País-de-las-Sombras sin darnos cuenta.

Pero, frente a las lágrimas de la madre, la gente de la tribu decidió continuar su camino hacia el Norte.

Cuando apareció en el cielo la Luna-Mordida, los guías perdieron sus huellas. La madre se lamentaba:

—Ahora no encontraremos a mi pequeño. ¿Cómo le vamos a hacer?

—Calma tu llanto —dijo el Hechicero—. Mira ese pato salvaje,

---

1 Los Indios nómadas depositaban a sus muertos sobre altos armazones de madera, para protegerlos de las bestias salvajes. Al año siguiente ponían sus restos en un osario.

voy a pedirle que vaya en busca de tu hijo.

El ave se portó muy amable. Escuchó la descripción de Sol-Poniente y partió a todo vuelo.

Tras haber atravesado una montaña, el pato encontró un anciano que buscaba hongos en un bosque.

—¿No has visto pasar por aquí a un niño? —le preguntó.

—Sí, vi a uno —respondió el viejo—. Tenía cuernos en la cabeza y sus pies parecían raquetas de nieve. Me dio miedo y no le hablé.

—¿Te fijaste qué dirección llevaba?

—Se dirigía hacia el río.

En agradecimiento, el pato se arrancó una pluma y la ofreció al viejo. Luego voló hasta la corriente de agua y encontró al niño.

Este acababa de lanzar dos palos al agua. Los maderos se convirtieron inmediatamente en salmones. Sol-Poniente los pescó. Iba a cocerlos cuando el ave le dijo:

—Tu madre está inconsolable. Regresa rápido al Sur.

—¿Tengo una madre en el Sur? —preguntó el niño.

—Tu familia llora por tu ausencia —agregó el pato.

—Mi verdadera familia vive en el Norte y voy a unirme a ella —dijo el niño.

—Está bien —contestó el ave.

El pato salvaje volvió a atravesar la montaña, encontró a la tribu y repitió las palabras de Sol-Poniente.

—No es prudente continuar más lejos —aconsejó el ave—. Sobre todo porque el niño no tiene ganas de volver.

Pero la madre suplicó:

—Ayúdenme, quiero encontrar a mi hijo.

A pesar de que pensaba que era una locura, la tribu volvió a tomar el camino. La temperatura bajaba y las hojas se enrarecían en las ramas de los árboles. Al poco tiempo, se levantó la bruma y comenzó a volverse espesa.

—Ya no es prudente continuar avanzando —dijo el Hechicero.

Pero la madre no escuchó estas sabias palabras. Se hundió

en la niebla gritando:

— ¡Hey, Sol-Poniente! ¿en dónde estás? ¡Respóndeme! ¡Hey, Sol-Poniente! . . .

De pronto sus gritos cesaron y no volvieron a verla.

Desde esta espantosa historia se sabe que cuando entre los Kato llora un niño es porque habita en él un Espíritu-Malo, pero la madre se rehusa a que lo suspendan a un árbol.

INDIOS FOX

EL JOVEN DEMASIADO DIFICIL

La caza había terminado, las reservas bien acomodadas y los hombres podían vagar todo lo que se les antojaba. Uno de ellos decidió colmar su ociosidad buscándose una mujer. Y mientras descansaba bajo un sauce, pasó una joven. Inmediatamente se enamoró de ella y le preguntó:

— ¿Me aceptarías por marido? Me llamo Luna-Doble y soy muy buen cazador.

La joven aceptó y el la llevó a su tipi.

Algunos días después, se dio cuenta de que su mujer había perdido algunos dientes. Pensó: "Me lancé sobre la primera que pasó y desposé a una vieja lechuza chimuela".

La abandonó y regresó a sentarse bajo el sauce.

Una joven pasó por ahí. El la llamó:

—Me llamo Luna-Doble y si quieres, me caso contigo. Según yo, no podrás encontrar a nadie mejor.

La joven aprovechó la ocasión y él le mostró el camino de su tipi.

Al día siguiente, mientras la contemplaba notó que su mujer

tenía los ojos blancos y se dijo: "Caray, otra vez me precipité. Esta vez he desposado a un pescado muerto".

La abandonó y regresó a instalarse bajo su sauce.

Otra joven llegó a pasar frente a él. Luna-Doble, emocionado, le dijo:

—¡Yo soy el hombre que andas buscando! ¿Por qué no te vuelves mi mujer?

La joven aceptó casarse con él y él la condujo derecho a su tipi.

Al día siguiente, mientras ella tomaba su baño, Luna-Doble constató que el cuerpo de su tercera esposa estaba cubierto de verrugas. Pensó: "¡Maldición! Decididamente, no tengo suerte. Debí tomar el tiempo necesario para observarla mejor, ahora estoy con un sapo horrible en mi vivienda".

Corrió a la joven y volvió a refugiarse bajo su sauce.

Pasó una bella joven. Emocionado súbitamente, el joven le dijo:

—¿Quieres ser mi mujer? Creo que te puedo asegurar que difícilmente encontrarás un marido mejor.

La joven aceptó y él la llevó hasta su tipi.

Esa noche, mientras se desvestía para acostarse, Luna-Doble notó que su cuarta esposa tenía lonjas de grasa en la cintura. Refunfuñó para sí mismo: "¡Diablos! Así que no hay ninguna joven bonita en esta tribu. Puede decirse que me casé con un gorda panza de bisonte llena de hierba".

Completamente descorazonado, salió y llegó hasta la casa de su primera mujer. Al verla le dijo:

—Pensándolo bien, he decidido quedarme contigo. Regresa y te amaré como lo mereces.

La mujer dijo extrañada:

—Pero si habías dicho que me faltaban dientes.

—¡Claro que no! —replicó Luna-Doble—. Al contrario, adoro a las mujeres sin dientes.

Ella se soltó riendo:

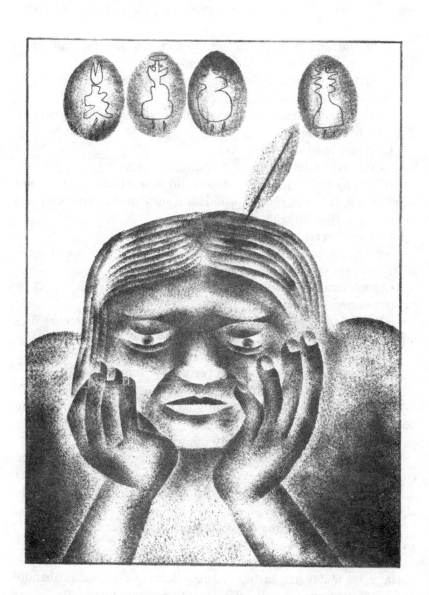

—Qué lástima porque, ya ves, hace pocos días me han salido nuevos dientes. Búscate otra desdentada.

Contrariado, Luna-Doble fue a ver a su segunda mujer y le dijo con los ojos llenos de admiración:

—He comprendido que no puedo vivir sin tu gran belleza. Regresa, te haré feliz.

La mujer le hizo notar:

—Creí que te daban horror las pupilas blancas.

— ¡En lo más mínimo! —respondió Luna-Doble—. Los ojos blancos me fascinan una enormidad; nunca podría vivir con una mujer cuyos ojos no sean así.

La mujer lo rechazó delicadamente:

—En ese caso, deberás buscarte otra. Desde que me abandonaste mis ojos se volvieron negros.

Completamente chasqueado, Luna-Doble se dirigió a casa de su tercera mujer y le dijo con pasión:

—Sueño todo el tiempo contigo. Regresa y tendremos diez hijos.

La mujer se mostró sospechosa:

— ¿Pero no me dijiste que mis verrugas te repugnaban?

— ¡Al contrario! —mintió descaradamente Luna-Doble—. Di más bien que las mujeres de piel rugosa me parecen absolutamente deliciosas.

La esposa abandonada adoptó un gesto contrariado:

—Me hubieras avisado antes. Tras nuestra separación me froté con el zumo de la planta de hojas rojas. Ahora mi piel está toda lisa. Pero si buscas seriamente, sin duda acabarás encontrando alguna joven de piel áspera.

Desconcertado, Luna-Doble regresó a su tipi, en el que vivía su cuarta esposa. Al verla, le susurró:

—Estoy contento de que aún estés ahí. Tus encantos me fascinan y las malas lenguas me habían dicho que pensabas abandonarme. Quisiera pasar toda mi vida en tu preciosa compañía.

La mujer parecía escéptica:

—¿No me habías declarado que no te gustaban las mujeres gordas?

—¡Qué error! —exclamó Luna-Doble—. No hay nada más agradable ni más admirable que una mujer gorda. Quédate y te consentiré mucho.

—Es demasiado tarde —contestó la cuarta esposa—. Durante tu ausencia pasé un largo rato en la tienda sudorífera y ahora he adelgazado. Ya no me queda más que partir deseándote que encuentres una vieja lechuza desdentada o un pescado de ojos blancos o un sapo bien rugoso o si no, una panza de bisonte llena a reventar.

Tras lo cual salió tarareando una canción.

Luna-Doble permaneció soltero. Había una razón que explica esto: esas cuatro jóvenes eran las únicas cuatro mujeres que vivían aún solas en la Tierra.

INDIOS FOX

EL NIÑO QUE NO PODIA VIVIR SIN SU HERMANA

Una jovencita recolectaba fresas silvestres en compañía de su hermano pequeño. Ella era dulce, sin maldad, por eso la llamaban Onda-de-Viento. El chico, que crecía rápidamente, se llamaba Gusano-en-la-Rama. Cuando la recolección los llevó a las cercanías del lago, la joven se acercó demasiado al borde, su pie resbaló y ella cayó al agua.

El Genio-del-Lago pasaba por ahí. Descubrió a Onda-de-Viento entre las plantas acuáticas y pensó: "Justo lo que necesitaba". Tomó a la chica entre sus brazos y la llevó a la gruta en donde vivía con su viejo padre.

Cuando el anciano vio a Onda-de-Viento, dijo a su hijo:

—Te aconsejo que devuelvas su libertad a esta joven. Ella viene de tierras emergidas y no puede traer nada bueno a la gente que vive bajo el agua.

Pero el Genio-del-Lago creyó que su padre hablaba por celos. Así que conservó a Onda-de-Viento y se casó con ella.

Entretanto, Gusano-en-la-Rama estaba muy triste por haber perdido a su hermana. Todos los días iba hasta el borde del lago con la esperanza de encontrar su cuerpo. Sin embargo, por más que escudriñaba la superficie del agua desde el alba hasta la noche, nunca llegó a ver su larga cabellera negra.

Pero una tarde, mientras lloraba sentado cerca del lago, vio aparecer a Onda-de-Viento.

—¡Cómo! ¿No estás muerta? —preguntó.

—No —respondió la joven—. Ahora soy la mujer del Genio-del-Lago y vivo con él. He estado muy ocupada, por eso no había podido venir a verte antes.

—Ven a jugar conmigo sobre la hierba —propuso el niño.

Con una gran tristeza, Onda-de-Viento explicó a su hermano:

—Desgraciadamente no es posible. No puedo caminar sobre la tierra; mi marido me ha ligado las piernas con una gruesa cuerda para que no pueda escapar.

Gusano-en-la-Rama regresó a su casa pensando que tenía que liberar a su hermana. Ayunó durante siete días para purificarse y fue a pedir ayuda al Ave-Trueno.

El niño escaló la montaña hasta la cumbre y tocó en el borde del nido.

— ¿Quién está ahí? —preguntó una ronca voz.

—Soy Gusano-en-la-Rama, tengo necesidad de ti —dijo el chiquillo.

—Si es así, no permanezcas afuera —dijo la voz.

El muchacho penetró en el nido y descubrió al pájaro. En realidad, el Ave-Trueno era un águila, sus plumas eran relámpagos y de sus ojos escapaban rayos.

—Eres muy joven —dijo el ave—. ¿Qué puedo hacer por ti?

El niño le contó la desgracia de que era víctima su hermana.

—Está bien —dijo el pájaro—. Te voy a ayudar. Sin embargo, no me será posible liberarla solo ya que el Genio-del-Lago es muy poderoso. En primer lugar, vas a tener que llamar a otros Manitús. Después, llegado el momento, tu hermana deberá contribuir a su propia liberación.

— ¿Y yo qué debo hacer? —preguntó el chiquillo.

—Regresa a la orilla del lago y recórrela hasta que encuentres un gran pino con el tronco ligeramente manchado. Clava tu hacha guerrera en las faldas y el árbol caerá solo. Enseguida, fabrica con el tronco una canoa. Con ella atraviesa el lago. En la otra orilla encontrarás un alto tipi. Cuéntale tu desgracia al Manitú que vive ahí y haz lo que te diga.

Agradecido, Gusano-en-la-Rama ofreció un poco de tabaco al Ave-Trueno. Y, sin perder un instante, llegó al borde del lago, encontró el pino, lo cortó, hizo la canoa y atravesó la gran extensión de agua.

Por fin el muchacho llegó frente a un gran tipi. En el interior un curioso personaje fumaba una pipa. Tenía cuerpo de hombre y cabeza de alce. El chico reconoció en él al Manitú-de-los-Animales-Peludos.

—¿Qué deseas de mí? —preguntó el hombre-alce.

Gusano-en-la-Rama le contó su tragedia.

—Está bien, te voy a ayudar —declaró el Manitú-de-los-Animales-Peludos—. Ve a la pradera y desentierra dos flores. No puedes ,equivocarte, una es roja, la otra blanca y crecen ambas de la misma raíz. Separa las flores y encaja cada una en una orilla del lago. Así perderá su efecto el hechizo que el Genio-del-Lago ejerce sobre tu hermana. Luego, cuando hayas terminado ese trabajo, ve y consulta a la grulla y pídele consejo.

Gusano-en-la-Rama ofreció un collar de conchas al Manitú. Después encontró las flores, las separó y fue a enterrarlas. Luego buscó a la grulla entre los carrizos. Por fin descubrió un tipi en el que lloraban unos pajaritos.

—¿Quiénes son ustedes y qué les sucede? —preguntó el muchacho.

—Somos los hijos de la grulla y tenemos hambre —respondieron los pollos.

Gusano-en-la-Rama dio a cada uno de ellos un puñado de carne seca. Cuando los pájaros estaban comiendo, entró la grulla. Colgó su abrigo de plumas a un gancho del tipi y dijo:

—Te agradezco que hayas dado de comer a mis hijos, ¿qué puedo hacer por ti?

La grulla tenía un largo pico, alas y cuerpo de humano. "Seguramente se trata del Manitú-de-los-Animales-de-Pluma", pensó el niño. Y le contó las tribulaciones de su hermana.

—Bueno, te ofrezco mi ayuda —dijo el gran pájaro—. Necesitas encontrar un puñado de hierbas que corten. Eso permitirá a tu hermana deshacerse de las ligaduras. Sigue a mis hijos, ellos te enseñarán en donde encontrar esa hierba.

La grulla ofreció su abrigo de plumas a Gusano-en-la-Rama y agregó:

—Toma, ponte esto; así podras volar y seguir mejor a mis pajarillos.

El jovencito se puso el abrigo, voló hasta un pantano y recogió un grueso puñado de hierbas. A su regreso, devolvió el abrigo a la grulla y le preguntó:

—¿Qué debo hacer con estas hierbas que cortan?

—Dáselas a tu hermana cuando la encuentres —respondió el ave—. Y ahora, si yo fuera tú, iría a ver al castor. Seguramente tendrá algo que enseñarte. Imagino que lo encontrarás por ahí en el río.

Gusano-en-la-Rama guardó cuidadosamente la hierba que corta, subió a su canoa y siguió el curso del agua. Poco antes de llegar al manantial, un pequeño castor se le acercó.

—¿Qué buscas por estos parajes? —le preguntó—. Casi nunca vienen los hombres por aquí.

—Quiero hablar con tu padre —dijo el niño.

El castor le indicó que lo siguiera, se zambulló y Gusano-en-la-Rama nadó tras él.

Llegaron hasta una choza redonda. En el interior, un ser extraño se mecía en una hamaca. Tenía largos bigotes, manos y cola de castor. Pero el resto estaba constituido como un hombre. El chico pensó: "Debe ser el Manitú-de-los-Animales-Acuáticos".

Deteniendo su movimiento pendular, el hombre-castor le preguntó:

—¿A qué debo el placer de tu visita?

Gusano-en-la-Rama explicó una vez más lo que había sucedido a su hermana.

—¡Pobre niña! —gimió el Manitú de largos bigotes—. Yo te ayudaré, pero necesito un aliado. El Ave-Trueno estaría perfecto . . .

—Precisamente, él es mi amigo —interrumpió el niño.

—En ese caso, estás salvado —respondió el hombre-castor—. No pierdas ni un instante, ve a dar a tu hermana las hierbas que te ha dado la grulla.

Gusano-en-la-Rama ofreció al Manitú una pluma de faisán y se dirigió al lago. Al llegar a la orilla gritó:

— ¡Hey!, ¡Ven rápido, Onda-de-Viento! Tengo una buena noticia que darte.

La joven emergió del agua. Su piel empezaba a cubrirse de escamas y sus ojos se volvían globulosos. "Ha llegado el momento de liberar a mi hermana", pensó él.

Onda-de-Viento se sacudió para arrancarse las plantas enredadas en su cabello y preguntó:

— ¿Qué deseas, hermanito?

—Los Manitús van a liberarte muy pronto. Mira, toma estas hierbas, con ellas cortarás las cuerdas cuando llegue el momento.

— ¿Crees que podrán liberarme de mi esposo? —inquirió la pobre mujer.

—Mis amigos son muy poderosos —aseguró el jovencito.

—Esperemos —suspiró Onda-de-Viento—. Ahora deberás disculparme, pero tengo que dejarte. Mi marido y su padre comen mucho y tengo que prepararles algunos platillos.

La joven se hundió en el agua y Gusano-en-la-Rama se sentó sobre una piedra.

El niño tenía poco tiempo esperando cuando, llegando del Norte, una nube negra apareció en el cielo. Creció rápidamente y pronto ocupó toda la superficie del lago. Estalló una violenta tempestad. Entonces, el Ave-Trueno surgió de la nube y voló por encima del agua. Con un ruido formidable, salieron relámpagos de sus ojos. Atravesando el elemento líquido, llegaron al fondo, levantando el fango y haciendo estallar las grandes piedras.

Desde el primer tronido, Onda-de-Viento comenzó a serruchar las lianas con las hierbas cortantes. Pero estaba tan emocio-

nada y las ligaduras tan apretadas, que se cortaba las piernas al mismo tiempo que las cuerdas.

Por su lado, el castor se puso a construir un canal para separar el lago en dos partes. Este trabajo tenía como objetivo el aislar al Genio-del-Lago de la mujer que tenía prisionera.

El Ave-Trueno lanzó sus dardos con tanta precisión que logró incendiar el refugio en el que se había escondido el Espíritu-Malo. El Genio-del-Lago huyó arrastrándose sobre el fondo y llegó hasta un cobertizo que lo alejó de su esposa. Onda-de-Viento nadó entonces en sentido contrario para crear una distancia más grande entre ella y su marido. Después continuó cortando las lianas, gimiendo de dolor. Mientras más lijaba, más se cortaba las piernas y la herida se volvía más profunda.

El canal del castor llegaba hasta la mitad del lago. El Ave-Trueno redobló sus esfuerzos. Sus relámpagos penetraban en el agua y la hacían hervir. El Genio-del-Lago huía cada vez más lejos separándose así de Onda-de-Viento.

El ruido de la tempestad se volvió ensordecedor. El canal estaba casi terminado y la joven cortaba con valor.

Empero, llegó un momento en que el dolor fue demasiado fuerte. Perdiendo sangre en abundancia, Onda-de-Viento renunció a liberar sus piernas. Y volvió a su gruta para curar sus heridas.

El combate cesó instantáneamente, ya que, sin la ayuda de la joven, nadie podía hacer nada por ella. Las dos flores, que debían romper el hechizo que el Espíritu-Malo había echado sobre la mujer, se marchitaron. La construcción del castor se vino abajo, los relámpagos del Ave-Trueno perdieron intensidad y el Genio-del-Lago pudo regresar a su vivienda y encontrar a su esposa. Otra vez en paz, continuó su comida en compañía de su viejo padre.

Tras esta lucha inútil, el Ave-Trueno fue en busca de Gusano-en-la-Rama que continuaba sentado sobre la piedra.

—Nuestros intentos fracasaron —le dijo—. Nuestras fuerzas debían conjugarse para obtener la victoria. Un ser no es nada sin el apoyo de sus amigos. Al renunciar, tu hermana nos ha privado de nuestros poderes.

El chico se soltó llorando.

—¿Entonces voy a vivir toda la vida lejos de Onda-de-Viento?

—Voy a resolver eso —dijo el ave.

Convirtió al niño en isla y la depositó en el centro del lago.

—Así estarán siempre uno al lado del otro —concluyó.

Pero, por prudencia, se construyó un nido en la cumbre de la isla.

De esta manera puede intervenir cada vez que el Genio-del-Lago no se porta bien con su mujer.

Y es debido a eso que hay tantas tormentas en esa región.

INDIOS IROQUESES

EL VIEJO QUE TENIA TODAS LAS ENFERMEDADES

En esa época, los hombres no sabían nada y los Manitús tenían que enseñarles todo. Para eso, a veces adoptaban formas extrañas.

Una ardilla roía bellotas encaramada sobre la rama principal de un roble, cuando oyó voces humanas en el bosque. El animal descendió del árbol y se transformó en un anciano.

Por el camino se acercaban seis cazadores. Habían matado un alce y cada uno cargaba un grueso pedazo de carne. El anciano se aproximó al grupo y se lamentó:

—Miren como estoy delgado y fatigado. El viento se cuela a través de los agujeros de mi vestido y el frío penetra hasta los huesos de mi cuerpo. Ayúdenme a llegar hasta su pueblo, ahí podré descansar y encontrar calor.

Pero los cazadores no escucharon las quejas del anciano, continuaron su camino riendo y platicando entre ellos.

El viejo los siguió de lejos arrastrándose. Los cazadores llevaban a los pies raquetas para la nieve, pero no el viejo y pronto lo dejaron atrás.

Llegó al pueblo al caer la noche. Estaban desenrolladas las

pieles que tapan las entradas a las chozas. Pero las volutas que se escapaban por los hoyos de las chimeneas demostraban buenas fogatas. El viejo rascó sobre la piel de la primera vivienda y dijo con voz trémula:

—El hielo blanquea las estrellas en el cielo y afuera no hay ni un perro. Déjenme entrar, no ocuparé mucho espacio. Tengo hambre, pero me contentaré con roer un hueso.

Una mujer le respondió:

— ¡Prosigue tu camino, extranjero! Nuestros huesos los conservamos para hacer fuego y podrías pasarles pulgas a nuestros perros.

Entonces el viejo se dirigió a la segunda choza. Rascó a la entrada y dijo con voz quejumbrosa:

—Acójanme por piedad. Estoy muerto de frío y no podría llegar más lejos. Los lobos han devorado mis mocasines y mis pies están helados.

Un hombre respondió:

—Continúa tu camino. No tenemos lugar para ti. Debes estar sarnoso y no queremos que nos contagies.

Igualmente lo echaron de la tercera y cuarta chozas. El viejo se desesperaba y ya comenzaba a tararear su canto de muerte. Pero, al llegar a la última vivienda, la piel se levantó sola. La joven que vivía en esa choza le dijo con una bella sonrisa:

—Entra rápido, que te vas a resfriar. Siéntate junto al fuego, mientras voy a servirte una buena sopa caliente.

El viejo se instaló sobre una suave piel de cabra salvaje, comió hasta saciarse y preguntó a la joven:

—¿Cómo te llamas, tú, que eres tan caritativa?

—Me llaman Mi-Ti-Li —respondió la joven—. En nuestra lengua, ello significa: la-que-no-ha-amado-a-un-hombre.

Mi-Ti-Li era joven y buena, pero también era muy fea. Por eso hasta entonces ninguno de los cazadores había pedido casarse con ella.

Como la Luna-Mordida ya estaba alta en el cielo, la joven ex-

tendió sobre el piso una cálida piel de oso e invitó al anciano a acostarse en ella. Luego le dijo:

—Ahora debes dormir para calmar tu fatiga. Mañana te confeccionaré un buen par de mocasines forrados.

—Tal vez no los necesite —respondió el viejo misteriosamente.

En efecto, al día siguiente, llamó a Mi-Ti-Li:

—Ya ves, me es imposible levantarme, estoy lleno de ronchas en la cara y la piel de mi cuerpo se despelleja como la corteza de un abedul.

—Has atrapado una enfermedad —contestó tristemente la joven—. Seguramente vas a morir.

—De eso no hay duda —afirmó el viejo—. Sin embargo, de ti depende que yo me cure.

—¿Cómo podría lograrlo? —dijo extrañada Mi-Ti-Li.

—Ve hasta la orilla del bosque —explicó el anciano—, y busca la planta que da florecitas amarillas durante la buena temporada. Si la mueles en una tinaja y me das a beber el jugo, creo que me aliviaré.

Mi-Ti-Li siguió escrupulosamente las instrucciones del anciano Este bebió la medicina y recuperó la salud.

Pero al amanecer del día siguiente, el hombre comenzó a lamentarse otra vez:

—¿Cómo podría irme de esta choza? Me duele la cabeza, mi frente está ardiendo y mi vista se nubla.

—Has atrapado otra enfermedad —declaró llorando la joven—. Esta vez, la muerte se acerca.

—Sin duda —dijo el viejo con voz apagada—. No obstante, me parece que te sería fácil ayudarme.

—Quisiera hacerlo —dijo Mi-Ti-Li.

—Entonces regresa al lindero del bosque. Busca bien, sobre un pequeño arbusto encontrarás las hojas que las orugas no se comen, esas hojas amarillas que detrás tienen un blanco aterciopelado. Haz un té que me darás a beber. Pero fíjate bien, seguramente tendrás que obligarme a tragarlo porque el jugo de esa planta es muy amargo.

Mi-Ti-Li siguió los consejos del viejo. Cuando le llevó el té, él lo rechazó enérgicamente. Ella le pellizcó la nariz y lo obligó a tragarlo.

Y el anciano se curó antes de que el buho saludara a la luna.

La joven dejó escapar un suspiro de alivio y se sintió libre de preocupaciones. Pero, al día siguiente y los demás días, el estado del viejo no mejoraba. Apenas salía de una enfermedad cuando adquiría otra inmediatamente. Le dolía el hígado, los pies, el corazón; perdía el cabello y los dientes, tosía, escupía, respiraba mal y le daban vértigos.

Y cada vez Mi-Ti-Li corría a las afueras del bosque para recolectar nuevas plantas. Pasaba las noches machacando, mezclando, moliendo y diluyéndolas para fabricar pomadas, jarabes, ungüentos, emplastos. Y mientras más lo cuidaba, el viejo más se hinchaba, le zumbaban los oídos, los ojos le lloraban, se le abotagaban los labios y los huesos se le quebraban. Estuvo veinte veces a punto de morir.

Tras una larga temporada, la gente empezó a murmurar. Luego, finalmente dijeron abiertamente:

—Mi-Ti-Li está loca de pasar su tiempo cuidando a ese viejo

lastimero. Mejor sería que lo dejara morir. Ya no le queda mucho tiempo para atraer a un hombre y no es así que llegará a casarse.

Al fin, cuando apareció la Luna-de-las-Cerezas-Rojas, el viejo se sintió mejor. Sus enfermedades enrarecieron y se volvieron menos graves. Y una mañana dijo a la joven:

—Me has curado bien y siento que me restablezco. ¿Recuerdas las plantas que recolectaste para cada una de mis enfermedades?

—No he olvidado ninguna —respondió Mi-Ti-Li.

—¿Y recuerdas la manera cómo me las administraste? —preguntó él.

—Todo lo he guardado en la memoria —afirmó la joven.

—¿Podrías, entonces, curar a una persona atacada por los males que yo sufría? —insistió el viejo.

—Sí —dijo Mi-Ti-Li—, si son exactamente las mismas enfermedades.

—Yo las tuve todas —comentó riendo el viejo—. Y ahora, tú conoces la totalidad de los medicamentos útiles para aliviar a los hombres.

Presintiendo que el anciano no era un hombre ordinario, la joven le preguntó:

—¿Quién eres tú para lograr sobrevivir a todas esas calamidades?

—Ahora sí puedo decírtelo —confesó el viejo—. En realidad soy un Manitú.

Apenas acababa de pronunciar estas palabras, recobró su aspecto de ardilla y huyó de la choza.

Una vez sola, Mi-Ti-Li quedó pensativa preguntándose para qué podía servir lo que el Manitú le había enseñado. Pero, los días siguientes, la gente de los pueblos vecinos empezó a llegar para consultarla.

—Ves, Mi-Ti-Li —dijo uno—. Mi pierna esta torcida, ¿no tendrías una medicina para enderezarla?

—Mira, Mi-Ti-Li —dijo otro—. Me herí al cortar leña, ¿po-

drías reparar este hueso?

—Me duele el estómago —declaró un tercero—. ¿Tendrías alguna bebida capaz de matar las ranas que me roen los intestinos?

Cuando los seis cazadores se presentaron lamentándose, la joven les preguntó:

—¿No son ustedes quienes se negaron a socorrer al anciano que les pidió ayuda?

—Sí, somos nosotros —dijeron los cazadores—, y lo sentimos mucho.

—En ese caso, los aliviaré —declaró Mi-Ti-Li—. Pero colóquense en la cola, los curaré hasta el final.

Los días pasaron y la joven continuaba dedicada a curar. Una tarde, cuando iba a bañarse al río, los seis cazadores se le acercaron. El más anciano le dijo:

—Deseamos casarnos contigo. Escoge a uno de nosotros y ese ya no cazará más que para ti.

—¿Han cambiado de opinión? —preguntó la joven— ¿No les parecía hasta ahora demasiado fea?

—Ya no lo creemos —respondieron los cazadores.

—En ese caso, mi selección está hecha —declaró Mi-Ti-Li.

Y la joven se casó con los seis al mismo tiempo.

Como recibía demasiada comida, Mi-Ti-Li distribuía una parte a los débiles y a los viejos del pueblo. Después perdió la costumbre de ir al bosque. Encargaba a sus seis esposos que recolectaran las plantas que necesitaba para curar a sus enfermos. Y los enviaba siempre al mismo lugar: al corazón del bosque profundo, en donde un día habían abandonado a un anciano necesitado. En ese lugar en donde una ardilla encaramada sobre una rama parecía burlarse de ellos.

LEYENDAS DE LA ANTIGUA AMÉRICA. Tercera edición, quedó totalmente impreso y encuadernado el 15 de julio de 1993. La labor se realizó en los talleres del Centro Cultural EDAMEX, Heriberto Frías 1104, Col. del Valle, México 03100.